Mans Tēvs Dos Jums Manā Vārdā

Dr. Džejs Roks Lī

„ ...Patiesi, patiesi Es jums saku: ja jūs Tēvam ko lūgsit, Viņš jums to dos Manā Vārdā. Līdz šim jūs neko neesat lūguši Manā Vārdā; lūdziet, tad jūs dabūsiet, lai jūsu prieks būtu pilnīgs," (Jāņa Evaņģēlijs 16:23-24).

Mans Tēvs Dos Jums Manā Vārdā
Autors dr. Džejs Roks Lī.

Publicēts izdevniecībā Urim Books (Pārstāvis: Johnny H. Kim)
73, Yeouidaebang-ro 22-gil, Dongjak-gu, Seoul, Korea
www.urimbooks.com

Visas tiesības aizsargātas. Grāmata daļēji vai pilnībā, nedrīkst tikt pavairota nekādā formā, saglabāta meklēšanas sistēmā, vai nodota jebkādā citā veidā – elektroniskā, mehāniskā, ar fotokopēšanu u.c. bez iepriekšējas rakstiskas izdevēja atļaujas.

Visi izmantotie šajā grāmatā citāti no Svētajiem Rakstiem, ja tas nav minēts savādāk, ņemti no Bībeles Klasiskā tulkojuma. Autortiesības aizsargātas © 1960, 1962, 1963, 1968, 1971, 1972, 1973, 1975, 1977, 1995 ar Lakmana fondu. Lietots ar atļauju.

Copyright © 2009 Dr. Jaerock Lee
ISBN: 979-11-263-0662-6 03230

Tulkojuma autortiesības © 2015 pieder dr. Esterei K. Čangai. Lietots ar atļauju.

Iepriekš publicēts korejiešu valodā izdevniecībā „Urim Books" 1990. g.

Pirmoreiz nopublicēts 2021 gada marts

Redaktors – dr. Gimsons Vins.
Izdevniecības „Urim Books" redakcijas biroja dizains.
Nodrukāts „Yevon Printing" kompānijā.
Kontaktadrese, lai saņemtu vairāk informācijas:
urimbook@hotmail.com

Priekšvārds izdevumam

„...Patiesi, patiesi Es jums saku: ja jūs Tēvam ko lūgsiet, Viņš jums to dos Manā Vārdā," (Jāņa 16:23).

Kristietība – tā ir ticība, kura dod ļaudīm iespēju satikties ar Dzīvo Dievu un iepazīt Viņa darbus caur Jēzu Kristu.

Dievs ir Visuvarens Dievs, kas radījis debesis un zemi un pārvalda Visumu, tāpat, kā arī cilvēka dzīvību un nāvi, viņa svētības un lāstus. Viņš atbild uz Savu bērnu lūgšanām un vēlas, lai mēs dzīvotu svētītu, Dieva bērnu cienīgu dzīvi.

Katrs, kas ir patiess Dieva bērns, ir ar varu, kura pieder Dieva bērniem. Esot ar tādu varu, cilvēkam jādzīvo dzīve, kurā viss ir iespējams, nezinot nekur trūkuma un priecājoties par saņemtajām svētībām, nedusmojoties un neskaužot citus.

Dzīvojot dzīvi pārpilnībā, esot ar spēku un panākumiem,

viņam ar savu dzīvi jāpagodina Dievs.

Priekš tā, lai baudītu svētītu dzīvi, cilvēkam nepieciešams rūpīgi iepazīt garīgās pasaules likumus, saskaņā ar kuriem viņš var saņemt no Dieva atbildes uz savām lūgšanām un visu par ko lūgs Jēzus Kristus vārdā.

Šī grāmata sastādīta no iepriekšējiem vēstījumiem, kas veltīti visiem ticīgajiem un īpaši tiem, kuri bez šaubīšanās tic Visvarenajam Dievam un vēlas, lai viņu dzīve būtu piepildīta ar Dieva atbildēm.

Lai šī grāmata, „Mans Tēvs Dos Jums Manā Vārdā", kalpotu par ceļvedi lasītājiem, kas vēlas iepazīt garīgās pasaules likumus un saņemt no Dieva visu, par ko viņi prasītu lūgšanā. Es lūdzos par to Jēzus Kristus vārdā!

Es veltu visu pateicību un slavu Dievam par iespēju nopublicēt šo grāmatu, kura nes Viņa nenovērtējamo Vārdu. Es izsaku tāpat patiesu atzinību visiem, kas bez paguruma strādāja pie šīs grāmatas izdošanas.

Jaerock Lee

Saturs

Mans Tēvs Dos Jums Manā Vārdā

Izdevuma priekšvārds.

1. nodaļa.
Kā saņemt Dieva atbildes. 1

2. nodaļa.
Mums vienalga jālūdz Viņu. 13

3. nodaļa.
Garīgais likums, kas skar Dieva atbildes. 23

4. nodaļa.
Iznīcini grēka sienu. 37

5. nodaļa.
Jūs pļausiet visu, ko būsiet iesējuši. 49

6. nodaļa.
Elija saņēma atbildi no Dieva uguns veidā. 61

7. nodaļa.
Piepildīt jūsu sirds vēlmes. 71

1. nodaļa.

Kā saņemt Dieva atbildes

„Bērniņi, nemīlēsim vārdiem, nedz ar mēli, bet ar darbiem un ar patiesību! No tā mēs zināsim, ka piederam patiesībai, un varēsim savu sirdi Viņa priekšā klusināt, ka, ja mūsu sirds mūs pazudina, Dievs ir lielāks nekā mūsu sirds un zina visas lietas. Mīļie kad mūsu sirds nepazudina mūs, tad mums ir paļāvība uz Dievu, un visu, ko mēs lūdzam, to saņemam no Viņa, jo mēs turam Viņa baušļus un darām to, kas Viņam patīkams."

(1.Jāņa vēstule 3:18-22)

Viens no Dieva bērnu liela prieka avotiem ir pārliecība par to, ka Visvarenais Dievs ir dzīvs un atbild uz viņu lūgšanām, un par to, ka ticīgajiem viss nāk par labu. Ļaudis, kuri tic tam, no sirds lūdzas, lai saņemtu no Dieva visu, par ko prasītu lūgšanā un pilnā mērā dotu Viņam slavu.

1 Jāņa vēstulē 5:14, teikts: *„Un šī ir tā drošība, kas mums ir uz Viņu, ka, ja mēs ko lūdzam pēc Viņa prāta, tad Viņš mūs klausa."*

Šīs pants atgādina mums, ka, ja mēs lūdzam saskaņā ar Dieva gribu, tad mums ir tiesības saņemt no Viņa visu. Lai cik nocietināta arī nebūtu vecāku sirds, tēvs nedos dēlam akmeni atbildot uz lūgumu pēc maizes, un māte nedos viņam čūsku, ja viņš paprasīs zivi. Vai gan Dievs var nedot Saviem bērniem labas dāvanas atbildot uz viņu lūgumiem?

Mateja Evaņģēlijā 15:21-28, mēs lasām par sievieti Kānaānieti, kas bija atnākusi pie Jēzus. Viņa ne tikai saņēma atbildi uz savu lūgumu, bet arī piepildījās viņas sirds vēlme. Viņas meita bija ļaunu garu apsēsta, un viņa lūdza Jēzu to dziedināt, jo ticēja, ka ticīgajam viss ir iespējams. Kā jūs domājat, ko Jēzus izdarīja priekš šīs pagānu sievietes, kura nepadodoties, nepagurstot lūdza viņu par meitas dziedināšanu? Jāņa Evaņģēlijā 16:23, mēs lasām: *„Patiesi, patiesi, Es jums saku: ko vien jūs Tēvam lūgsiet Manā Vārdā, to Viņš jums dos."* Ieraudzījis šīs sievietes ticību, Jēzus nekavējoties piepildīja viņas lūgumu: *„...ak sieva, tava ticība ir liela; lai notiek, kā tu gribi; un viņas meita palika vesela tajā pašā stundā,"* (Mateja 15:28).

Cik patīkami un brīnišķi, kad Dievs mums atbild. Ja mēs ticam Dzīvajam Dievam, mums jādod Viņam slava, kā Dieva bērniem, saņemot visu, par ko prasām Viņam lūgšanā. Pamatojoties uz šo fragmentu no Evaņģēlija, izskatīsim, kā tieši mēs varam saņemt atbildi no Dieva.

1. Mums jātic Dievam, Kurš apsola mums atbildēt.

Bībelē mēs lasām, ka Dievs noteikti atbildēs uz mūsu lūgumiem un prasīto. Un ja mēs nešaubāmies par šo apsolījumu, tad varam ar drošību lūgt Dievu un saņemt no Viņa atbildes uz visiem mūsu lūgumiem. 4. Mozus Grāmatā 23:19 lasām: „*Dievs nav cilvēks, kas melotu, ne cilvēka bērns, ka Viņam kas būtu žēl. Vai Viņš ko sacītu un nedarītu, vai Viņš ko runātu un neturētu.*" Un tāpat Mateja Evaņģēlijā 7:7-8 rakstīts: „*Lūdziet tad jums taps dots; meklējiet, tad jūs atradīsiet; klaudziniet, tad jums taps atvērts.*"

Bībelē ir daudz vietu, kuras runā par to, ka Dievs noteikti sadzirdēs mūs, ja mēs lūdzam pēc Viņa gribas. Lūk, tikai daži tādi piemēri:

„*Tāpēc Es jums saku: visu, ko jūs lūgdami lūgsiet, ticiet, ka jūs dabūsiet, tad tas jums notiks,*" *(Marka 11:24).*

„*Ja jūs paliekat Manī, un Mani Vārdi paliek jūsos, tad jūs lūgsiet, ko gribat un tas jums notiks,*" *(Jāņa 15:7).*

„Un ko jūs lūgsiet Manā Vārdā, to Es gribu darīt, lai Tēvs top godāts Dēlā," (Jāņa 14:13).

„Tad jūs Mani piesauksiet un iesiet un Mani pielūgsiet, un Es jūs paklausīšu. Un jūs meklēsiet un Mani atradīsiet, kad jūs Mani meklēsiet no visas sirds," (Jeremijas 29:12-13).

„Un tad piesauc Mani posta dienā – Es tevi glābšu, un tu godināsi Mani!" (Psalmi 50:15).

Tamlīdzīgus Dieva apsolījumus mēs atkal un atkal no jauna atrodam kā Vecajā, tā arī Jaunajā Derībā. Bet pat, ja Bībelē būtu tikai viens tāds pants, tad pamatojoties tikai uz šo vienu tādu pantu, mēs vienalga varētu saukt lūgšanā uz Dievu, lai saņemtu no Viņa atbildi. Taču Bībelē Dievs daudz reižu apsola atbildēt uz mūsu lūgumiem un mums jātic, ka Dievs patiešām Dzīvs Dievs, Kurš vakar, šodien un uz mūžiem Tas pats (Vēst. Ebrejiem 13:8).

Un vēl, Bībele stāsta arī par daudziem svētītiem vīriešiem un sievietēm, kuri ticēja Dieva Vārdam, lūdza un saņēma Viņa atbildes. Mums jālīdzinās tādiem ļaudīm ticībā un sirdīs un jādzīvo tā, lai vienmēr saņemtu Viņa atbildi.

Marka Evaņģēlijā 2:1-12, Jēzus teica paralizētajam: „ *...grēki tev ir piedoti... Celies, ņem savu gultu un ej uz savu namu..."* un tas visu ļaužu acu priekšā piecēlās, paņēma savu gultu un gāja. Visa tā liecinieki brīnījās un slavēja Dievu.

Mateja Evaņģēlijā 8:5-13, mēs lasām par virsnieku, kurš atnāca pie Jēzus lūgt par savu kalpu, kurš gulēja mājās slims un smagi cieta. Virsnieks vērsās pie Jēzus, sakot: *"... saki tikai vārdu un mans kalps kļūs vesels"* (8p.). Mēs zinām, ko viņam atbildēja Jēzus: *"Ej, lai tev notiek kā tu ticēji."* Un tajā pašā stundā kalps palika vesels (13p.).

Marka Evaņģēlijā 1:40-42, mēs redzam spitālīgo, kurš atnāca pie Jēzus un lūdzās, un Viņa priekšā krītot ceļos, sacīja: *"Ja Tu gribi, vari mani attīrīt"* (40p.). Jēzus apžēlojās par viņu, izstiepa Savu roku un pieskāries spitālīgajam teica: *"Es gribu, topi šķīsts,"* (41p.). Un tajā pat mirklī spitālība atstāja šo cilvēku.

Dievs dod ļaudīm to, par ko viņi lūdz Jēzus Kristus vārdā. Dievs vēlas, lai visi sāktu ticēt Viņam – Dievam, Kurš apsolījis atbildēt uz mūsu lūgšanām. Viņš grib, lai mēs lūgtos ar nešaubīgām sirdīm, nepadotos un kļūtu svētīti Dieva bērni.

2. Lūgšanas, uz kurām Dievs neatbild.

Kad ļaudis tic un lūdz Dievu pēc Dieva gribas, dzīvo pēc Viņa Vārda un nomirst, kā mirst kviešu grauds, tad Dievs, redzot viņu sirdi un uzticību, atbild uz viņu lūgumiem. Tad kāpēc gan daži no mums, lai arī lūdzas, nesaņem atbildes uz savām lūgšanām? Bībelē mēs lasām par daudziem ļaudīm, kuri lūdzās, bet nesaņēma atbildes no Dieva. Izpētot tā iemeslus, kāpēc viņu lūgšanas palika bez atbildes, mums jāmācās, kā saņemt atbildes uz lūgšanām.

Pirmkārt, Dievs nesāks atbildēt uz mūsu lūgšanām, ja mēs slēpjam grēku savā sirdī. Psalmos 66:18, mēs lasām: „Ja es netaisnību atrastu savā sirdī, tad Kungs mani nebūtu klausījis."Un praviešaJesajas Grāmatā 59:1-2, mums ir atgādināts: „Redzi, tā Kunga roka nav paīsināta palīdzēt, un Viņa auss nav nedzirdīga. Bet jūsu noziegumi jūs atšķir no jūsu Dieva, un jūsu grēki apslēpj Viņa vaigu no jums, ka Viņš neklausa." Velns pārtver lūgšanas mūsu grēku dēļ, un tās vienkārši satricina gaisu, neaizejot līdz Dieva Tronim.

Otrkārt, Dievs nesāks mums atbildēt, ja mēs esam ienaidā ar mūsu brāļiem. Mūsu Debesu Tēvs nepiedos mums grēkus līdz tam laikam, kamēr mēs nepiedosim brāļiem savā sirdī (Mateja 18:35). Mūsu lūgšana neizies līdz Dievam un paliks neatbildēta.

Treškārt, Dievs nesāks atbildēt, ja mēs lūdzam, lai apmierinātu savas pašu iekāres. Ja mēs esam nevērīgi pret Dieva godu, lūdzamies sekojot mūsu grēcīgās dabas vēlmēm, lai tērētu visu no Dieva saņemto savām izpriecām, tad Dievs nesāks atbildēt uz tādu lūgšanu (Jēkaba vēst. 4:2-3). Piemēram, neviens tēvs neatteiks nelielu naudas summu savai paklausīgai un centīgai mācībās meitai. Bet, ja runa iet par nepaklausīgu meitu, tad tēvs nesāks dot viņai naudu, satraucoties, ka viņa notērēs naudu par kaut kādām muļķībām. Tāpat arī Dievs nesāks atbildēt uz mūsu lūgumiem, ja tie attiecas uz necienīgiem mērķiem, vai vēlmēm apmierināt savu grēcīgo dabu. Dievs redz, ka mēs varam aiziet pa ceļu, kurš novedīs mūs uz bojāeju.

Ceturtkārt, mums nav jālūdzas un jāprasa par elku pielūdzējiem (Pravieša Jeremijas Grāmata 11:10-11). Dievs vairāk par visu neieredz elkus, un tādēļ mēs varam tikai lūgties par to dvēseļu glābšanu, kas zemojas to priekšā. Jebkura cita prasība par elku pielūdzējiem paliks bez atbildes.

Piektkārt, Dievs nesāks atbildēt uz lūgšanām, ja sirdī ir šaubas. Lai saņemtu atbildi no Kunga, mums stingri, bez šaubīšanās jātic (Jēkaba vēst. 1:6-7). Es esmu pārliecināts, ka daudzi no jums ir liecinieki tam, ka pēc ticīgo lūgšanas tiek dziedināti arī bezcerīgi slimie un atrisinās pašas sarežģītākās problēmas, kad ļaudis lūdz Dieva iejaukšanos. Viss tas tādēļ, ka Dievs teicis mums: *„Jo patiesi, Es jums saku: ja kas šim kalnam sacīs: celies un meties jūrā, un nešaubies savā sirdī, bet ticēs, ka notiks tas ko viņš saka: tad viņam tas arī notiks."* (Marka 11:23). Jums jāzina, ka lūgšana, piepildīta ar šaubām, paliek bez atbildes. Un tikai lūgšana atbilstoši Dieva gribai dod neapstrīdamu pārliecības sajūtu.

Sestkārt, Dievs neatbildēs uz mūsu lūgšanām, ja mēs nepildām Viņa baušļus. Kad mēs esam paklausīgi Dieva baušļiem, tas Viņu iepriecina un tad Bībele saka, mēs varam būt ar drošību Dieva priekšā un saņemt to, par ko lūdzam (1. Jāņa vēst. 3:21-22). Salamana pamācībās 8:17, teikts: *„Es mīlu tos, kas Mani mīl, un kas Mani laikus meklē, tie Mani atradīs."* Tie, kas pilda baušļus mīlot Dievu, noteikti saņems atbildes uz savām lūgšanām (1. Jāņa vēst 5:3).

Septītais, ja mēs paši nesējam, tad nesaņemsim atbildi no Dieva. Vēstulē Galatiešiem 6:7, rakstīts: *"Nepieviļaties! Dievs neļaujas apsmieties. Jo ko cilvēks sēj, to tas arī pļaus."* Tāpat 2. vēstulē Korintiešiem 9:6, teikts: *"Bet to es saku: kas sīksti sēj, tas arī sīksti pļaus; un kas bagātīgi sēj, tas arī bagātīgi pļaus."* Bez sēšanas nav pļaušanas. Ja cilvēks iesēj lūgšanu, tad viņa dvēsele gūs sekmes; ja cilvēks sēj ziedojumus, tad iegūs finansiālu labklājību; bet, ja iesēs labus darbus, tad būs svētīts ar labu veselību. Un tā, lai saņemtu atbildi no Dieva, jums jāsēj tas, ko gribētu nopļaut.

Bez tā, ja ļaudis nelūdzas Jēzus Kristus vārdā vai lūdzas ne no visas sirds, kuļot tukšus salmus, tad viņu lūgšanas paliks bez atbildes. Nesaskaņas starp laulātajiem (1. Pētera vēst. 3:7) vai nepaklausība Dieva gribai arī atstāj lūgšanas bez atbildes. Mums jāatceras, ka viss iepriekš uzskaitītais uzceļ sienu starp Dievu un mums; Dievs novērš Savu vaigu no mums un neatbild uz mūsu lūgšanām. Un tā, mums vispirms jāmeklē Dieva Valstība un Viņa taisnība, jāsauc uz Dievu lūgšanā par mūsu visapslēptākajām vēlmēm un jāsaņem Viņa atbildes, nemainīgi atrodoties stiprā ticībā.

3. Kā saņemt atbildi no Dieva uz savām lūgšanām?

Pašā dzīves sākumā Kristū, cilvēks garīgajā nozīmē līdzīgs bērnam, tādēļ Dievs uz tāda cilvēka lūgumiem atbild tūlīt pat. Cilvēkam, kurš vēl nav iepazinis visu patiesību, bet pieliek kaut nelielas pūles, lai pielietotu praksē to, ko viņš jau zina no Rakstiem, Dievs atbild tā, kā tas būtu bērns, kas lūdz pienu, un virza viņu uz satikšanos ar Dievu. Centīgi mācoties un cenšoties iepazīt patiesību, cilvēks izaug no bērna stāvokļa. Un ja viņš sekos patiesībai, tad, Dievs atbildēs viņam uz viņa lūgšanām. Ja cilvēks, pārkāpis garīgā bērna stadiju, turpina grēkot un nedzīvo pēc Dieva Vārda, viņš nevar rēķināties, ka Dievs viņam atbildēs. No šī momenta atbildes uz viņa lūgšanām atnāks pēc viņa sasniegtā svētuma mēra.

Un tā, lai saņemtu atbildi no Dieva, cilvēkam vispirms jānožēlo grēki, jānovēršas no saviem ceļiem un jādzīvo paklausībā Dieva Vārdam. Ja grēkus izsūdzējis un nožēlojis cilvēks dzīvo patiesībā un apgraiza savu sirdi, viņš saņems brīnumainas Dieva svētības. Ījabam ticība iesākumā bija zināšanu līmenī, tādēļ viņš kurnēja uz Dievu, kad ciešanas un pārbaudījumi ienāca viņa dzīvē. Vēlāk, saticies ar Dievu, Ījabs nožēloja grēkus, attīrīja savu sirdi, piedeva draugiem un sāka dzīvot pēc Dieva Vārda. Savukārt Dievs divkārt svētīja Ījabu, dodot viņam divreiz vairāk par to, kas viņam bija iepriekš (Ījaba grām. 42:5-10). Jona dēļ savas nepaklausības Dievam nokļuva lielās zivs vēderā, bet nožēlojot un pienesot slavu Dievam ar ticību, viņš, pēc Dieva pavēles bija zivs izspļauts sausumā (Praviešā Jonas grām. 2:1-11).

Kad mēs novēršamies no grēka, nožēlojam grēkus un dzīvojam pēc Tēva gribas, ticam, saucam uz Viņu, velns nevar tuvoties mums ne no vienas puses. Tad, pilnīgi dabīgi pāries slimības, atrisināsies problēmas ar bērniem un izbeigsies finansiālās grūtības. Vīrs, kurš apspieda sievu par ticību, kļūs labāks un būs laipns vīrs, mierīga ģimene kļūs par Kristus labo smaržu un dos godu Dievam.

Ja mēs esam novērsušies no grēka, tos nožēlojuši un saņēmuši atbildi no Dieva, mums tāpat jādod slava Viņam un jāliecina par mūsu prieku. Pagodinot Dievu caur mūsu liecību, mēs ne tikai patīkam Dievam, bet arī noskaņojam labvēlīgi Viņu arī turpmāk atbildēt uz mūsu lūgumiem. Iedomājaties, ka māte sagatavoja dēlam dāvanu, bet tas pat nepateicās viņai par to. Nākamajā reizē māte nez vai sagribēs dāvināt viņam vēl kaut ko. Taču, ja dēls novērtēs dāvanu un izrādīs savu pateicību mātei, viņa būs laimīga un gribēs dot dēlam vēl vairāk dāvanas. Tāpat arī Dievs svētīs mūs vēl vairāk, ja mēs slavēsim Viņu, atceroties, ka Dievs Tēvs priecājas, kad Viņa bērni saņem lūgto. Viņš vienmēr gatavs apdāvināt mūs ar labām dāvanām, kad mēs liecinām par Viņa darbiem.

Lūgsim tagad visi mēs saskaņā ar Dieva gribu, parādot Viņam mūsu ticību un uzticību un saņemot no Viņa to, ko prasām. Parādīt Dievam savu ticību un uzticību kādam varētu nelikties vienkāršs uzdevums. Tomēr, tikai tā mēs varēsim piepildīt savu dzīvi ar pateicību un prieku, novērsties no smagiem grēkiem, kas naidīgi patiesībai, vērst savu skatienu uz mūžīgām Debesīm, saņemt atbildes uz savām lūgšanām un sakrāt Debesu balvas. Mūsu dzīve tad būs patiesi svētīta, jo ciešanas un pārbaudījumi mūs pametīs un mēs iegūsim patiesu mieru zem Viņa Vadības un aizsardzības.

Lai katrs no jums ar ticību prasa Dievam par savu vēlmju piepildīšanos, no sirds lūdzas un stājas pretī grēkam, paklausot Dieva Vārdam, lai jūs varētu saņemt atbildi uz visu par ko prasīsiet, un dotu varenu slavu Dievam. Es lūdzos par to Jēzus Kristus vārdā!

2. nodaļa.

Mums vienalga jālūdz Viņu

„Tad jūs pieminēsiet savus ļaunos ceļus un savus nelabos darbus un būsiet paši sev riebīgi par saviem noziegumiem un par savām negantībām. Un to Es nedaru jūsu dēļ, saka tas Kungs, to jums būs zināt. Kaunaties un nosarkstiet savu ceļu dēļ, jūs, Izraēla nams! Tā saka tas Kungs: tajā dienā, kad Es jūs šķīstīšu no visas jūsu nešķīstības, tad Es pilsētās likšu dzīvot, un izpostītās vietas taps uztaisītas. Un tukšā zeme atkal taps apkopta, kur posts bija ikvienam redzams, kas gāja garām. Un tie sacīs: šī zeme, kas bija izpostīta, ir palikusi, kā Ēdenes dārzs, un tās iztukšotās un izpostītās un sagrautās pilsētas ir stipras un apdzīvotas. Tad tās tautas, kas atlikušas visapkārt ap jums, redzēs, ka Es, tas Kungs, uztaisīju sagruvušas vietas un apdēstu, kas ir izpostīts; Es tas Kungs, to esmu runājis un Es to darīšu. Tā saka tas Kungs; Es ļaušos atkal pielūgties no Izraēla nama, ka tiem parādos; Es vairošu tos ļaudis kā ganāmu pulku."

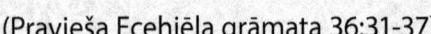

(Praviešā Ecehiēla grāmata 36:31-37)

„Jēzus Kristus tas pats vakar un šodien un mūžīgi," (Vēst. Ebrejiem 13:8), caur sešdesmit sešām Bībeles grāmatām apstiprina, ka Viņš Dzīvs un Viņš darbojas. Tiem, kas ticēja Viņa Vārdam un sekoja Viņam gan Vecās Derības periodā, gan Jaunās Derības laikos un līdz pat šai dienai, Dievs demonstrēja Savu darbu liecības.

Dievs – visa Visuma Radītājs, Viņa rokās ir dzīvība un nāve, svētības un lāsti, Viņš apsolīja svētīt mūs (5. Mozus 28:5-6), ja mēs pildīsim visus baušļus, kas doti Bībelē. Un, ja mēs patiesi ticam Dievam, tad vai gan ir tāda vajadzība, kuru Dievs neizpildītu? (4. Mozus 23:19), mēs lasām: *„Dievs nav cilvēks, ka melotu, nedz cilvēka bērns, ka viņam kas būtu žēl. Vai Viņš ko sacītu un nedarītu, vai Viņš ko runātu un neturētu?"* Vai tad Viņš neizpildīs Savus apsolījumus? Vēl vairāk Jāņa Evaņģēlijā 16:23, Jēzus saka: *„Patiesi, patiesi, Es jums saku: ko vien jūs Tēvam lūgsiet Manā Vārdā, to Viņš jums dos."*

Tas ir dabīgi, kad Dieva bērni saņem no Dieva visu, par ko lūdz un pagodina Debesu Tēvu. No kā gan daudzi kristieši dzīvo savādāk? Pamatojoties uz iepriekš minētiem pantiem, noskaidrosim, kā mēs varam vienmēr saņemt atbildes no Dieva.

1. Dievs pateiks un izdarīs, bet mums vienalga jāprasa Viņam.

Būdami Dieva izredzēta tauta, Izraēlieši saņēma daudz svētības. Dievs apsolīja paaugstināt tos pāri pār visām tautām, dāvāt viņiem uzvaru pār ienaidniekiem un svētīt visos viņu ceļos, ja tikai viņi pildīs Dieva Vārdu (5. Mozus 28:1,7,8). Kamēr viņi dzīvoja pēc Dieva Vārda, viņiem netrūka svētības; kā tikai viņi novērsās no pareizā ceļa un pielūdza elkus, Dievs Savās dusmās pieļāva, lai uzbruktu iekarotāji un izpostītu viņu zemi.

Pravieša Ecehiēla laikos Dievs teica Izraēliešiem, ka atgriezīs viņus uz savu zemi, lai viņi varētu atjaunot sagrauto pilsētu, ja tauta nožēlos grēkus un no tiem novērsīsies. Dievs skaidri darīja zināmu: „ ... *Es tas Kungs, to esmu runājis un Es to darīšu. Tā saka Tas Kungs: Es ļaušos atkal pielūgties no Izraēla nama ...*" (Ecehiēla grām. 36:36-37).

Kāpēc Dievs pieprasīja, lai Izraēlieši prasītu Viņa apžēlošanu, lai arī Viņš apsolīja tos atbrīvot?

Dievs zina par mūsu vajadzību vēl līdz tam, kā mēs prasīsim par to (Mateja 6:8) un tomēr Viņš mums saka: „*Lūdziet tad jums taps dots. Jo ikviens, kas lūdzas dabū,... vai jo vairāk jūsu Tēvs debesīs nedos labu tiem, kas Viņu lūdz?*" (Mateja 7:7-11).

Daudzās vietās Bībelē Dievs teicis, ka mums jāsauc uz Dievu, pirms saņemsim no Viņa atbildi (Jeremijas grām. 33:3; Jāņa 14:14). Dieva bērniem, kam ir ticība Dievam, jāprasa Viņam par savām vajadzībām, lai arī Dievs zina, par ko mēs lūgsim.

No vienas puses, ja Dievs apsola kaut ko izdarīt un mēs ticam Viņa vārdam, tad vienmēr saņemsim atbildi uz savām lūgšanām. No citas puses, ja mēs šaubāmies, pārbaudām Dievu, aizmirstam Viņam pateikties, žēlojamies grūtību un pārbaudījumu periodā, neticam Viņa apsolījumiem, tad mūsu lūgšanas paliks bez atbildes. Lai arī Dievs apsola dot labas dāvanas tiem, kas Viņu lūdz, Viņam ir noteikumi, ka mēs stingri turamies pie Viņa apsolījumiem kā lūgšanās, tā arī savos darbos. Kas neprasa Dievam, bet vienkārši cer, ka visu saņems, tam nav ticības. Mūsu lūgšanas paliks bez atbildes, ja tās nav nostiprinātās ar darbiem.

2. Mums jāprasa Dievam, lai saņemtu no Viņa atbildi.

Vispirms mums jālūdzas par tās sienas noņemšanu, kura atrodas starp jums un Dievu.

Kad pēc Jeruzalemes krišanas Daniels atradās Bābeles gūstā, viņš atrada praviešā Jeremijas grāmatā pravietojumu par to, ka Jeruzalemes pamestība turpināsies septiņdesmit gadus. Un šos septiņdesmit gadus Izraēls kalpos Bābeles ķēniņam. Bet pēc šiem septiņdesmit gadiem, Bābeles ķēniņvalsts un visa Kaldejiešu zeme būs nolādēta par saviem grēkiem un uz visiem laikiem paliks pamestas.

Jeremijas pravietojums par to, ka pēc septiņdesmit gūstā pavadītiem gadiem Izraēlieši iegūs brīvību un atgriezīsies savā zemē iepriecināja un mierināja Danielu. Un tomēr Daniels nesāka ar šo prieku dalīties ar citiem sagūstītajiem. Tā vietā viņš apbēra galvu ar pelniem, saplēsa drēbes un sāka gavēt, lūdzot Dievu par atbrīvošanu. Viņš nožēloja kā savus grēkus, tā arī visus Izraēliešu grēkus par visiem viņu pārkāpumiem, viņu kurnēšanu, par to ka viņi aizmirsa Dieva baušļus (Daniela grām. 9:3-19).

Caur pravieti Jeremiju Dievs apsolīja, ka gūstniecības laiks beigsies pēc septiņdesmit gadiem, bet nepateica, kā tieši tas notiks. Daniels zinot garīgos likumus, saprata, ka pirms Dievs piepildīs Savu apsolījumu, nepieciešams, lai būtu sagrauta siena, kas atdala Izraēlu no Dieva. Tādā veidā Daniels ar darbiem pierādīja savu ticību. Daniels gavēja un nožēloja grēkus, kā par sevi, tā arī visa Izraēla vārdā, kurš nepaklausības dēļ izsauca pār sevi Dieva sodu. Dievs sadzirdēja Danielu, sagrāva sienu starp viņiem un Sevi un atbildēja Danielam, dodot Izraēliešiem pravietojumu par „septiņdesmit nedēļām" un atklājot Danielam citus noslēpumus.

Esot Dieva bērni un zinot Dieva gribu, mums jāsaprot, ka pirms mēs varēsim saņemt atbildi no Dieva, mums jāiznīcina grēka siena, kas mūs atdala no Dieva.

Un vēl, mums jālūdzas ticībā un paklausībā.
2. Mozus Grāmatā 3:6-8, mēs lasām par Dieva apsolījumiem, kas doti Izraēla tautai, kura tajā laikā bija ēģiptiešu verdzībā. Dievs apsolīja izvest tautu no Ēģiptes uz Kānaānas zemi, kur

„piens un medus tek." Kānaāna – tā ir zeme, kuru Dievs apsolīja dot Izraēliešiem par īpašumu (2. Mozus 6:8). Viņš ar zvērestu apsolīja atdot viņiem un viņu pēcnācējiem šo zemi un pavēlēja doties ceļā (2. Mozus 33:1-3). Apsolītajā zemē Dievs pavēlēja Izraēliešiem iznīcināt visus elkus, un aizliedza viņiem noslēgt savienību ar tur dzīvojošām tautām un viņu dieviem, lai nebūtu šķēršļu starp Viņu un Izraēlu. Tāds bija Dieva apsolījums, Tā Kas vienmēr izpilda Savus solījumus. Tad kāpēc gan Izraēlieši nevarēja ieiet Kānaānā.

Savā neticībā Izraēla tauta sāka kurnēt uz Dievu (4. Mozus 14:1-3), neklausīja Viņu, un tādēļ nevarēja ieiet Kānaānas zemē, lai arī jau stāvēja uz tās sliekšņa (4. Mozus 14:21-23; Vēst. Ebrejiem 3:18-19). Īsumā, Dieva apsolījumi par Kānaānas zemi varēja piepildīties tikai tad, kad Izraēla tauta izrādīs paklausību Dievam. Dievs būtu izpildījis Savu apsolījumu uzreiz, ja tauta noticētu viņam. Beigu beigās Kānaānas zemē varēja ieiet tikai Jozua un Kālebs, kuri noticēja Dievam un tāpat to Izraēliešu pēcnācēji, kuri izgāja no Ēģiptes (Jozua 14:6-12). Atcerēsimies, ņemot par piemēru Izraēlu, ka mēs varēsim saņemt atbildi no Dieva tikai, ja ar ticību un pazemību prasīsim Viņu par to lūgšanā. Neskatoties uz to, ka Mozus, protams, ticēja, ka Dievs izpildīs savu solījumu un dos tautai Kānaānas zemi, pat viņš dēļ tautas neticības nevarēja ieiet šajā apsolītajā zemē. Reizēm Dievs darbojas pēc viena cilvēka ticības, citos gadījumos nepieciešama visas tautas ticība. Šajā gadījumā Dievam bija nepietiekami ar viena Mozus ticību.

Viņam bija vajadzīga visu Izraēliešu ticība, lai viņi varētu ieiet Kānaānā. Neatrodot tādu ticību Izraēlā, Viņš neļāva tiem ieiet apsolītajā zemē. Atcerēsimies, ka, kad nepieciešama visas Dieva tautas ticība, katram no mums jālūdzas ar ticību un pazemību, lai vienotām sirdīm sagatavotu sevi Dieva atbildes saņemšanai.

Kad sieviete, kas cieta no asins tecēšanas divpadsmit gadus, pieskārās Jēzus drēbēm, viņa kļuva dziedināta, un Kristus jautāja: „Kas pieskārās pie Manām drēbēm?" Un tad sieviete liecināja par savu dziedināšanu visas tautas priekšā (Marka 5:25-34).

Ja cilvēks atklāti liecina par to, ko viņam darījis Kungs, viņš ar to pašu palīdz citiem augt ticībā, nostiprināties un pārveidoties par tādu cilvēku, kurš ar lūgšanu gaida atbildi no Dieva. Patiešām brīnišķīgs ceļš, kā pagodināt Dievu – tas ir pieņemt svētības ar ticību, stiprināt ticībā neticīgos un iepazīt Dzīvo Dievu.

Ticot un paklausot Dieva Vārdam, kas dots Bībelē, mums jāatceras, ka Dievs gaida mūsu prasības lūgšanās: „Lūdziet un jums taps dots." Tad nu vienmēr saņemsim no Viņa atbildes, kļūstot par Dieva bērniem un slavējot Viņu no visas sirds.

3. nodaļa.

Garīgais likums, kas attiecas uz Dieva atbildēm

„Un izgājis Viņš gāja pēc sava ieraduma uz Eļļas kalnu, un Viņa mācekļi Viņam gāja pakaļ. Un tajā vietā nācis Viņš uz tiem sacīja: lūdziet, ka jūs neiekrītat kārdināšanā. Un Viņš aizgājis no tiem akmens sviediena attālumā un ceļos meties lūdzās, un sacīja: Tēvs, ja Tu gribi, tad ņem šo biķeri no manis; tomēr ne Mans, bet Tavs prāts lai notiek. Un eņģelis no debesīm parādījās un Viņu stiprināja. Un kad Viņš nāves bailēs cīnījās, tad Viņš Dievu pielūdza jo karsti; bet Viņa sviedri kā asins lāses pilēja uz zemi. Un no pielūgšanas cēlies Viņš nāca pie saviem mācekļiem un tos atrada aizmigušus aiz noskumšanas. Un uz tiem sacīja: ko jūs guļat? Ceļaties un lūdzat Dievu, ka neiekrītat kārdināšanā."

(Lūkas Evaņģēlijs 22:39-46).

Dieva bērniem, kas saņēmuši glābšanu, ir tiesības ar ticību lūgt Dievu izpildīt viņu vēlmes. Tādēļ mēs lasām Mateja Evaņģēlijā 21:22: „*Un visu, ko jūs savā lūgšanā lūgsiet ticēdami, to jūs dabūsiet.*"

Un tomēr, daudzi ļaudis brīnās, kāpēc Dievs neizpilda viņu lūgumus un pat šaubās par to, ka Dievs dzird viņu lūgšanas. Līdzīgi tam, kā mēs cītīgi mācamies mūsu ceļojuma maršrutu, lai veiksmīgi nokļūtu līdz nozīmētajai vietai, mums cītīgi jāmācās pareizas lūgšanas metodes, lai saņemtu atbildi no Dieva. Lūgšana, pati par sevi, vēl negarantē, ka Dievs atbildēs. Mums vispirms jāiepazīst garīgās sfēras likumus un jālūdzas atbilstoši tiem.

Tagad izpētīsim septiņu Dieva garu rakursā, kādi ir garīgie likumi, kas attiecas uz mūsu lūgšanām.

1. Garīgās pasaules likums, kas skar Dieva atbildes

Lūgšanā mēs prasām Visvareno Dievu izpildīt mūsu vēlmes un piepildīt mūsu vajadzības. Atbilde uz lūgšanu būs saņemta tikai pie noteikuma, ka mēs lūdzamies atbilstoši garīgās pasaules likumiem. Lai cik pūļu cilvēks nepieliktu, lai cik izglītots un ievērojams viņš nebūtu, pie kādām metodēm nevērstos, nekas nepalīdzēs viņam saņemt Dieva atbildes.

Tādēļ ka Dievs ir taisns Tiesnesis (Psalmi 7:12), Viņš dzird mūsu lūgšanas un atbild uz tām, pieprasot apmaiņai noteiktu samaksu. Kā piemēru mēs varam pievest to, kā mēs pērkam gaļu. Dievs, līdzīgi gaļas pārdevējam, nosvērs uz Saviem svariem, saskaņā ar garīgās sfēras likumiem, vai cilvēks ir cienīgs saņemt atbildi uz savu lūgšanu.

Iedomāsimies, ka jūs esat atnākuši pie gaļas pārdevēja nopirkt divus funtus gaļas. Izdarījuši pasūtījumu, jūs gaidāt, kamēr pārdevējs nosvērs gaļas gabalu un nolems, vai tas gabals pietiekošs pēc svara. Ja gaļas gabals sver divus funtus, pārdevējs saņem attiecīgu samaksu, iesaiņo gaļu un atdod pircējam.

Tā arī Dievam vajag saņemt kaut ko no mums apmaiņā pret to, ka Viņš atbild uz mūsu lūgšanām. Tajā izpaužas garīgās pasaules likums.

Dievs, dzirdot mūsu lūgšanas, pieņem no mums kādu līdzvērtīgu dāvinājumu un pēc tam atbild mums. Un, ja kāds līdz šim nav saņēmis atbildi uz savu lūgumu, tad tas nozīmē, ka viņš līdz šim laikam nav devis Dievam attiecīgu samaksu. Samaksas lielums atkarīgs no prasītā būtības, un tādēļ cilvēkam turpinot lūgties, jāpalielina savas ticības apjoms līdz tam laikam, kamēr nesaņems no Dievs atbildi. Mēs nevaram zināt, ko tieši grib saņemt no mums Dievs.

Tomēr ieklausoties Svētā Gara balsī, mums jāsaprot, ka daži lūgumi pieprasa stingru gavēni, visas nakts lūgšanu, lūgšanu ar asarām vai pateicības upurus. Viss tas ir nepieciešams kā uzkrājums, lai saņemtu atbildi uz mūsu lūgšanu. Un Dievs dāvā mums pēc mūsu ticības visu par ko mēs lūdzam un svētī mūs ar Savu atbildi.

Pat ja divi noteiks laiku un dos solījumu regulāri lūgties, var notikt tā, ka viens no viņiem uzreiz saņems atbildi uz savu lūgumu, bet cita lūgšana paliks bez atbildes. Kādu skaidrojumu mēs tādā gadījumā varam dot?

Dievam ir gudrība, un tādēļ Viņš jau iepriekš redz cilvēka sirdi. Ja Viņš redz, ka cilvēks patiešām gatavs lūgties līdz tam laikam, kamēr saņems atbildi, Dievs var uzreiz atbildēt viņam. Bet, ja cilvēka lūgšana palikusi bez atbildes, tas nozīmē, ka viņš nav līdz galam atdevis Dievam to, kas Viņam pienākas. Ja mēs dodam solījumu lūgties kādu laiku, tad mums jāsaprot, ka Dievs gaida, ka mēs pienesīsim Viņam pilnu savu lūgšanas mēru. Ja mūsu lūgšanu daudzums būs nepietiekams, Dievs nesāks mums atbildēt.

Piemēram, cilvēks lūdzas par savu nākamo sievu, un Dievs gatavo viņam piemērotu līgavu, kas nāktu par labu šim cilvēkam. Vispār, tas vēl nenozīmē, ka līgava vienkārši parādīsies viņa priekšā tikai tādēļ, ka cilvēks par to palūdzies, bet pats, pie tam vēl nav sasniedzis noteiktu izaugsmi. Dievs atbild tiem, kas tic, ka lūgšana nepaliks bez atbildes, un Viņš atklāj Savu gribu īstajā laikā. Kopā ar to, ja cilvēks lūdzas ne pēc Dieva gribas, tad lai cik viņš arī nelūgtos, atbildi nesaņems. Ja tas pats cilvēks, kurš lūdzas par līgavu, sāks uzstādīt noteikumus un uzstāt, lai līgava būtu ar noteiktu izglītību, izskatu un pūru, tad tāda lūgšana paliks neatbildēta, tādēļ ka tā motivēta ar egoistiskām vēlmēm.

Pat ja divi lūdzas par vienu un to pašu, Dievs dažādi atbildēs uz viņu lūgumiem, tādēļ ka viņiem dažāds svētuma līmenis un ticība (Atklāsmes 5:8). Kāds var saņemt atbildi no Dieva pēc mēneša, bet kāds arī pēc dažām dienām.

Un vēl jo vairāk, jo nozīmīgāka mūsu prasība Dievam, jo vairāk mums par to jālūdzas. Saskaņā ar garīgās pasaules likumu, liels trauks būs pārbaudīts lielos darbos, bet mazs trauks būs maz pārbaudīts, bet arī to Dievs varēs izmantot Saviem mērķiem. Tādēļ nevienam nav citu jānosoda sakot: „Paskaties, cik daudz grūtību viņam dzīvē, neskatoties uz visu viņa uzticību."

Ar to mēs apbēdinām Dievu. Starp ticības tēviem bija Mozus, kurš gāja caur pārbaudījumiem ilgus 40 gadus, un bija Jēkabs, kura pārbaudījumi ilga 20 gadus. Un mēs zinām, ka viņi abi kļuva par labiem traukiem Dieva acīs, un pēc visiem pārbaudījumiem Dievs varēja izmantot viņus Savos plānos. To var salīdzināt ar to, kā formējas nacionālā futbola komanda. Spēlētājs, kas atlasīts, lai piedalītos sacensībās var pārstāvēt savu valsti tikai pēc ilgiem treniņiem.

Lai par ko mēs arī lūgtu Dievu, par lielām lietām vai mazām, mums jāaizskar Viņa sirds, pirms saņemsim atbildi. Dievs parādīs žēlastību un mums atbildēs, ja mēs pienācīgā veidā lūgsimies, attīrīsim mūsu sirdis no grēka, kas mūs nošķir no

Viņa, pienesīsim Viņam pateicības upurus kā mūsu stiprās ticības zīmi.

2. Attiecības starp garīgās pasaules likumiem un septiņiem Dieva gariem.

Iepriekš ar metaforas palīdzību par gaļas pārdevēju un viņa svariem, mēs uzzinājām, kā pēc garīgās pasaules likumiem, Dievs mēra katra cilvēka lūgšanu un nosaka, vai pietiekošu daudzumu lūgšanu katrs cilvēks pienesis. Vairums cilvēku izsaka spriedumu pamatojoties uz to ko redz, bet Dievs ar precizitāti nosaka lūgšanas mēru ar septiņu Dieva garu palīdzību (Atklāsmes 5:6). Citiem vārdiem sakot, Dievs atbild uz cilvēka lūgšanu tikai tad, kad septiņi Dieva gari secinās, ka šis cilvēks ir Dieva atbildes cienīgs.

Ko tieši mēra septiņi Dieva gari?

Pirmkārt, septiņi gari nomēra ticības mēru.

Ticība var būt garīga un var būt miesīga. Septiņi gari nomēra nevis miesīgo ticību, kas pamatojas uz zināšanām, bet dzīvo garīgo ticību, kura sevi atklāj noteiktos darbos (Jēkaba vēst. 2:22). Piemēram, Marka Evaņģēlijā mēs redzam tēvu, kura dēls bija dēmonu apsēsts, kas bija atņēmuši viņa spēju runāt. Viņš nāca pie Jēzus (Marka 9:17).

Tēvs teica Jēzum: „Ticu Kungs! Palīdzi manai neticībai." Ar

to pašu tēvs atzina, ka viņa ticība bija miesīga un sakot „palīdzi manai neticībai", prasīja pēc garīgās ticības. Jēzus tajā pat stundā atbildēja uz tēva prasību un dziedināja zēnu (Marka 9:18-27)

Nav iespējams patikt Dievam bez ticības (Vēst. Ebrejiem 11:6). Ja ticības ir pietiekoši, lai patiktu Dievam, tad sirds vēlmes noteikti piepildīsies. Tādēļ, ja mēs nesaņemam atbildi no Dieva, neskatoties uz Viņa apsolījumiem dot mums pēc mūsu ticības, tas nozīmē, ka mūsu ticība vēl nav kļuvusi pilnīga.

Otrkārt, septiņi gari izmēra prieka mēru.

1 vēstulē. Tesaloniķiešiem 5:16 apustulis Pāvils saka, lai mēs vienmēr priecātos, jo tāda ir Dieva griba. Taču prieka vietā pārbaudījumu laikā daudzi kristieši šodien izjūt nemieru, bailes un pārdzīvojumus. Pa īstam ticot Dzīvajam Dievam, viņi varēs vienmēr priecāties, patiesi liekot savu cerību uz Mūžīgo Debesu Valstību, bet ne uz šo ātri aizejošo pasauli.

Treškārt, septiņi gari mēra mūsu lūgšanas mēru.

Dievs saka, lai mēs pastāvīgi lūgtos (1. vēst. Tesaloniķiešiem 5:17), un apsola atbildēt uz mūsu lūgšanām (Mateja 7:7). Saprotams, ka mums ar ticību jāgaida tas, par ko mēs lūdzam. Dievs gaida, ka mēs būsim pastāvīgi mūsu lūgšanā (Lūkas 22:39-40), ka mēs noliekam ceļus, lai lūgtos pēc Dieva gribas. Ar tādu attieksmi un ar tādu noskaņojumu mēs sauksim uz Dievu no visas sirds, un mūsu lūgšana kļūs ticības un mīlestības lūgšana. Dievs pārbauda tādu lūgšanu. Mums nav jālūdzas tikai tad, kad gribam kaut ko saņemt, vai kad mēs esam ar kaut ko apbēdināti, bet vienmēr mūsu lūgšanai jāsaskan ar Dieva gribu (Lūkas 22:39-41).

Ceturtkārt, septiņi gari mēra cilvēka pateicības mēru.

Dievs licis mums vienmēr pateikties (1. vēst. Tesaloniķiešiem 5:18) un katram ticīgam cilvēkam no visas sirds jābūt pateicīgam Dievam. Kā, lai mēs Viņam nepateicamies, kad Viņš ir izglābis mūs no bojāejas un atvedis uz ceļu, kas ved uz mūžīgo dzīvību? Mums jāpateicas Dievam par to, ka Viņš atnāk pie tiem, kas Viņu meklē un atbild tiem, kas Viņu lūdz. Un pat, ja šajā īsajā dzīvē mēs sastopamies ar grūtībām, mums vienalga jābūt pateicīgiem Dievam par cerību uz mūžīgo dzīvi Debesīs.

Piektkārt, septiņi gari mēra, kā mēs pildām Dieva baušļus.

1 Jāņa vēstulē 5:2, lasām: *"No tā mēs noprotam, ka mēs Dieva bērnus mīlam, kad mīlam Dievu un turam Viņa baušļus"*; un tepat arī teikts, ka Viņa baušļi nav grūti (1. Jāņa vēst. 5:3). Pastāvīga nomešanās ceļos lūdzot nāk no cilvēka mīlestības, kas pilna ticības. Ticībā un mīlestībā uz Dievu, viņš lūgsies pēc Viņa Vārda.

Daudzi žēlojas, ka Dievs neatbild uz viņu lūgšanām, tajā pašā laikā dara pilnīgi pretējo tam, ko māca Bībele. Mums jātic katram vārdam Bībelē un jāpaklausa tam. No tiem, kas atkāpjas no Dieva Vārda, kas novērtē notiekošo balstoties uz pašu domām un teorijām, un rēķinās tikai paši ar sevi, Dievs novērš Savu vaigu un neatbild uz viņu lūgšanām. Iedomājieties, ka jūs esat ar draugu sarunājuši satikties Ņujorkā, dzelzceļa stacijā, bet vēlāk pārdomājat un sākat gaidīt viņu autobusa pieturā. Lai cik ilgi jūs negaidītu, jūs nekad ar viņu nesatiksieties.

Tas pats arī ar Dievu: ja Viņš licis jums iet uz austrumiem, bet jūs devāties uz rietumiem, tad jūs Viņu neklausījāt. Traģiski un bēdīgi vērot tādu ticību daudzos kristiešos. Viņos nav ticības, nav mīlestības uz Dievu. Ja mēs runājam, ka mīlam Dievu, tad mums ir dabīgi ievērot Viņa baušļus (Jāņa 14:15; Jāņa vēst. 5:3).

Mīlestība uz Dievu virza mūs uz vēl centīgāku un pastāvīgāku lūgšanu. Bet tas savukārt, atnes augļus, lai glābtu dvēseles un evanģelizētu, lai nostiprinātu Debesu Valstību un Viņa taisnību. Ja jūsu dvēsele gūs sekmes, tad jūs saņemsiet vēl lielāku lūgšanu spēku. Saņemot atbildi uz lūgšanām un slavējot Dievu, jūs sakrāsiet sev bagātības Debesīs, pateiksieties Dievam un nenogursiet. Ja mēs ticam Dievam, tad pilnīgi dabīgi pildīsim

Desmit Baušļus, kuros ietverta visu sešdesmit sešu Bībeles grāmatu būtība.

Sestkārt, septiņi gari mēra mūsu uzticību.

Dievs grib, lai mēs būtu uzticīgi visā Viņa namā, ne tikai pie kaut kā viena. 1. vēst. Korintiešiem 4:2, teikts: *„No namturiem galvenām kārtām prasa, ka tie būtu uzticami."* Tādēļ katram no mums, saņemot uzdevumu no Dieva, jālūdzas Viņu par spēku, lai paliktu uzticams visos mūsu darbos, attiecībās ar visiem cilvēkiem. Un papildus, mums jālūdzas par uzticību, lai ar ko mēs nenodarbotos mājās vai darbā, mēs to darītu patiesībā.

Septītkārt, septiņi gari mēra mūsu mīlestības mēru.

Pat ja mēs esam izpildījuši visus sešus noteikumus, par kuriem runāts iepriekš, mēs tomēr esam tikai „tukši zvārguļi", ja mums nav mīlestības. Mīlestība ir augstāk par ticību un cerību, Jēzus izpildīja visu likumu ar mīlestību (Vēst. Romiešiem 13:10) un mums, Viņa bērniem, pienākas neliekuļoti mīlēt citam citu.

Lai saņemtu atbildi no Dieva uz savu lūgumu, vispirms mums jāatbilst septiņu garu mēru standartiem. Vai tas nozīmē, ka jaunatgrieztie, visas patiesības pilnību nezinošie, nesaņems atbildi no Dieva?

Pieņemsim, ka mazulis var skaidri izsacīt tikai vārdu

„mamma." Viņa vecāki būs laimīgi un dos viņam visu, ko viņš sagribēs.

Tieši tāpat, ņemot vērā dažādos ticības līmeņus, septiņi gari novērtēs katru un atbilstoši atbildēs. Pat jauna ticīgā maza ticība iepriecinās Dievu, un Viņš atbildēs tam. Dievs ar prieku atbild gan ticīgajiem, kas atrodas uz otrā vai trešā līmeņa, ja viņi parāda pietiekami ticības. Ticīgie, kas sasnieguši ceturto vai piekto ticības līmeni, dzīvo pēc Dieva gribas un lūdzas vēl centīgāk, tādēļ septiņi gari dod viņiem augstāko atzīmi un Dievs uzreiz atbild uz viņu lūgšanām.

Vispār, jo augstāks cilvēka ticības līmenis un, jo vairāk viņš uzzina par garīgās pasaules likumiem un pēc tiem dzīvo, jo ātrāk viņš saņem atbildi no Dieva. Tajā pat laikā, kāpēc pie jaunatgrieztajiem Dieva atbilde bieži nāk momentā? Kad jauns ticīgais saņem Dieva labvēlību, viņš piepildās ar Svēto Garu un septiņu garu skatījumā kļūst cienīgs tam, lai viņa lūgšanas būtu sadzirdētas.

Tomēr, pēc tā mēra, kad padziļinās patiesības iepazīšana, cilvēks var pazaudēt savu pirmo mīlestību, viņa uguns apdziest, un parādās pirmās garīgās atdzišanas pazīmes.

Esot dedzīgi par Dievu, būsim cienīgi septiņu Dieva garu vērtējumā, pastāvīgi atrodoties patiesībā, lai mūsu Debesu Tēvs atbildētu uz visām mūsu lūgšanām, un mūsu dzīve piepildītos ar svētībām un Dieva slavu.

4. nodaļa.

Sagrauj grēka sienu

„Redzi, Kunga roka nav par īsu, ka nevarētu glābt, Viņa auss nav tik kurla, ka nesadzirdētu! Taču jūsu vainas jūs nošķir no Dieva, jūsu grēki apslēpj Viņa vaigu, ka Viņš jūs nesadzird!"

───── ∾ ─────

(Jesajas grām. 59:1-2).

Mateja Evaņģēlijā 7:7-8, Dievs saka Saviem bērniem: *"Lūdziet, un jums tiks dots, meklējiet, un jūs atradīsiet, klaudziniet, un jums atvērs. Ikviens, kas lūdz, saņems un, kas meklē atrod, un tam, kas klaudzina, atvērs."* – un apsola atbildēt uz viņu lūgumiem. Un tomēr, kāpēc gan daudzi ļaudis nesaņem atbildes, neskatoties uz šo apsolījumu!

Dievs neatbild uz grēcinieku lūgšanām. Viņš novērš Savu vaigu no tiem. Viņš tāpat nevar atbildēt uz to ļaužu lūgšanām, kuri uzbūvējuši grēka sienu starp sevi un Dievu. Tādēļ, lai būtu veseli un veiksmīgi visā, kā gūst sekmes jūsu dvēsele, pirmkārt jāiznīcina grēka siena, kas bloķē mūsu ceļu pie Dieva. Tālāk mēs izskatīsim tos faktorus, kuri veicina grēka sienas radīšanu. Es aicinu katru no jums kļūt par Dieva bērnu un nožēlot grēkus, ja starp jums un Dievu stāv grēka siena. Un tad jūs varēsiet saņemt no Dieva visu par ko vien prasīsiet lūgšanā un pagodināt Viņa vārdu.

1. Sagraujiet grēka sienu un neticību Dievam un nožēlojiet to, ka nepieņēmāt Kungu, kā savu Glābēju.

Bībele stāsta mums par to, ja kas netic Kungam, tas grēko (Jāņa 16:9). Daudzi domā, ka tiem nav grēku, jo viņi dzīvo pareizu dzīvi. Tā domāt -nozīmē parādīt garīgo tumsonību, nesaprotot īsto grēka dabu. Esot bez Dieva Vārda savā sirdī, tādi ļaudis nespēj atšķirt patiesību no nepatiesības. Nezinot patiesību, viņi dzīvo pēc šīs pasaules mēriem, un tādēļ pārliecināti uzskata sevi par labiem ļaudīm. Nav nozīmes, lai kādi labi cilvēki mēs neliktos paši sev, pieņemot Jēzu Kristu, mēs ieraudzīsim, cik samaitāta bija mūsu dzīve, ja to novērtētu Dieva Vārda gaismā. Tādēļ, ka mēs sākam saprast, ka neticot Dievam un noraidot Kristu, mēs esam izdarījuši smagāko no grēkiem. Dievs ņem uz Sevi atbildību, atbildēt uz to lūgšanām, kas pieņēmuši Jēzu Kristu; un Dieva bērniem ir tiesības uz Viņa atbildi saskaņā ar Dieva apsolījumu.

Bet tomēr daudzi Dieva bērni, kas pieņēmuši Jēzu Kristu kā savu Glābēju, nevar saņemt atbildi uz lūgšanu, jo tos no Viņa atdala grēka un ļaunuma siena, kuru viņi pat nepamana. Tādēļ, neskatoties uz viņu stingro gavēni vai centīgo visas nakts lūgšanu, Dievs novērš no viņiem Savu vaigu, un viņu lūgšana paliek bez atbildes.

2. Sagraujiet grēka sienu, kas uzcelta tādēļ, ka nav mīlestības citam pret citu.

Dievs mums saka, ka tas ir dabīgi Viņa bērniem – mīlēt citam citu (1. Jāņa vēst. 4:11). Papildus tam, Dievs liek mums mīlēt arī savus ienaidniekus (Mateja 5:44), tādēļ, ja mēs ienīstam savus brāļus, mēs pārkāpjam Dieva vārdu un darām grēku.

Jēzus Kristus ar to atklāja Savu mīlestību pret ļaudīm, ka gāja mūsu dēļ uz krustu, kad mēs vēl bijām grēcinieki. Tādēļ mums tik svarīgi mīlēt savus vecākus, bērnus un brāļus. Ja mēs glabājam aizvainojumu pret brāli vai krājam sevī ienaidu pret viņu, mēs darām smagu grēku pret Dievu. Dievs neprasa, lai mēs parādītu mīlestību pret citiem pat pašupurējoties, kā to izdarīja Jēzus, nomirstot par mūsu grēkiem. Viņš tikai prasa, lai mēs pārvērstu ienaidu piedošanā.

Kāpēc gan tas ir tik sarežģīti?
Dievs saka, ka ikviens, kas ienīst savu brāli ir slepkava (1. Jāņa vēst. 3:15), un mūsu Tēvs attieksies pret mums atbilstoši, ja mēs nepiedosim saviem brāļiem (Mateja 18:35). Dievs aicina mūs uz mīlestību un uz to, lai mēs atstātu jebkādu naidu pret brāļiem, lai mēs izbēgtu no jebkāda soda (Jēkaba vēst. 5:9).

Pateicoties Jēzus Kristus mīlestībai, kas bija krustā piesists par mums un izpirka mūs no grēkiem, pagātnes un nākotnes, Svētais Gars mājo katrā no mums, lai mēs nožēlojuši tos Dieva priekšā, varētu iemīlēt visus cilvēkus, novērsties no iepriekšējās dzīves un saņemt Viņa piedošanu.

Šīs pasaules cilvēkiem, kas netic Jēzum Kristum nav piedošanas pat ja viņi nožēlo savus darbus; viņi nav spējīgi piedzīvot patiesu mīlestību cits pret citu, esot bez Svētā Gara vadības.

Pat ja jūsu brālis jūs neieredz, jums jābūt ar gudru sirdi, lai viņu saprastu un viņam piedotu, mīlestībā lūgtos par viņu, lai pats nekļūtu grēka līdzdalībnieks. Ja mēs neieredzam mūsu brāļus, mēs grēkojam Dieva priekšā, zaudējam Svētā Gara pilnību un velti saucam uz Dievu lūgšanā. Tādā gadījumā, mūsu lūgšana paliks bez atbildes.

Tikai ar Svētā Gara palīdzību mēs varēsim iemīlēt, saprast un piedot mūsu brāļiem un saņemt no Dieva visu, par ko mēs lūdzam.

3. Sagraujiet grēka sienu, kas radusies neievērojot Dieva baušļus.

Jāņa Evaņģēlijā 14:21, Jēzus saka: *„Kam ir Mani baušļi, un kas tos tur, tas Mani mīl. Bet, kas Mani mīl, to mīlēs Mans Tēvs, un Es to mīlēšu un tam atklāšos."* Šī paša iemesla dēļ 1. Jāņa vēstulē 3:21, teikts: „Mīļie, ja jau mūs neapsūdz sirds, tad mums ir paļāvība uz Dievu." Citiem vārdiem, ja mūsu nepaklausība Dieva baušļiem radījusi grēka sienu, mūsu lūgšanas paliks bez atbildes. Tikai kad Dieva bērni pilda baušļus un izpatīk Dievam, viņi ar pārliecību var prasīt Viņam par savu sirds vēlmju piepildīšanos un viņi saņems lūgto.

1 Jāņa vēst. 3:24, mums atgādina: *„Bet, kas Viņa baušļus tur, tas paliek Viņā un Viņš tanī. No tā mēs zinām, ka Viņš paliek mūsos, no Gara, ko Viņš mums ir devis."* Šeit teikts, ka cilvēks varēs saņemt atbildes no Dieva un gūt panākumus savā dzīvē tikai, ja viņa sirds piepildīta ar patiesību, un, ja viņš staigā Svētā Gara vadībā.

Iedomājieties, ka kāda cilvēka sirdī simts nodalījumi un visi tie atdoti Kungam; tādā gadījumā viņa dvēsele gūs sekmes, un viņš saņems svētības uz visiem saviem darbiem. Bet, ja cilvēks atdevis Dievam tikai pusi no savas sirds telpas, bet pārējo izmanto pēc saviem ieskatiem, tad viņš nevar rēķināties ar to, ka Dievs vienmēr atbildēs Viņam, tādēļ, ka Svētais Gars tikai daļēji vada viņa dzīvi, bet pārējo laiku Viņš dzīvo pēc miesas vēlmēm. Kungs mājo ikvienā no mums, un Viņš dod mums spēkus pārvarēt visus šķēršļus mūsu ceļā. Pat, ja mēs iesim caur nāves ieleju, Viņš palīdzēs mums izbēgt no ļaunuma, vērsīs apstākļus mums par labu un vedīs mūs pa uzplaukuma ceļu.

Kad mēs patīkam Dievam pildot Viņa baušļus, mēs dzīvojam Dievā, un Dievs dzīvo mūsos. Un tad mēs varēsim dot Viņam slavu un saņemt atbildi uz mūsu lūgšanām. Tātad, sagrausim grēka sienu, kas uzcelta tā iemesla dēļ, ka neievērojam Dieva Baušļus, sāksim jaunu dzīvi paklausībā Viņam un dosim slavu Dievam par visām Viņa svētībām.

4. Sagraujiet grēka sienu, kas uzcelta ar paša egoistiskām vēlmēm.

Dievs licis mums darīt visu priekš Viņa slavas (1. vēst. Korintiešiem 10:31). Ja mēs lūdzamies ne dēļ Dieva goda, bet, lai apmierinātu savas miesas vēlmes, Dievs nevar atbildēt uz tādu lūgšanu (Jēkaba vēst. 4:3).

Ja mēs lūdzam finansiālu svētību, lai kalpotu Dieva Valstībai, palīdzētu trūcīgajiem un darbotos dvēseļu glābšanas druvā,

Dievs noteikti atbildēs mums, tādēļ ka tādā veidā mēs tiecamies pagodināt Viņu. Bet, ja mēs lūdzam bagātību, lai palielītos brāļa priekšā, kurš mums pārmet nabadzību, tad mūsu lūgšana virzīta, lai apmierinātu miesīgās vēlmes un Dievs mums neatbildēs. Pat šajā pasaulē mīlošie vecāki nedos savam bērnam 100 dolārus, lai viņš notērētu tos spēlēm. Tāpat arī Dievs negrib, lai mēs novērstos no īstā ceļa, un tādēļ viņš nesāks atbildēt uz katru Savu bērnu lūgumu.

1. Jāņa vēstulē 5:14-15 rakstīts: *"Un šī ir tā drošība, kas mums ir uz Viņu, ka, ja mēs ko lūdzam pēc Viņa prāta, tad Viņš mūs klausa. Un, ja mēs zinām, ka Viņš mūs klausa, kad ko lūdzam, tad zinām, ka tās lūgšanas dabūjam, ko no Viņa esam lūguši."* Tikai atteikušies no Savām miesīgām vēlmēm un vēršoties pie Dieva pēc Viņa gribas un priekš Viņa slavas, mēs varēsim saņemt atbildi uz visām mūsu lūgšanām.

5. Sagraujiet grēka sienu, ko esat uzcēluši ar savām šaubām par lūgšanas spēku.

Dievs priecājas, kad mūsos atrod ticību, jo bez ticības Dievam patikt nav iespējams (Vēst. Ebrejiem 11:6). Bībelē mēs atrodam daudz piemērus, kad Dievs atbild tiem ļaudīm, kuri parādīja Viņam savu ticību (Mateja 20:29-34; Marka 5:22-43; 9:17-27; 10:46-52). Bet kad ļaudis nevarēja parādīt ticību, tad saņēma pārmetumu par mazticību, kas notika arī ar Jēzus mācekļiem (Mateja 8:23-27). Un tajā skaitā pat pagāni varēja nopelnīt uzslavu no Dieva, kad atklāja savu stipro ticību (Mateja 15:28). Dievs pārmet par mazticību un nespēju ticēt (Marka 9:16-29). Viņš mums atgādina, ka maza kripatiņa šaubu lūgšanas laikā liedz iespēju kaut ko saņemt no Kunga (Jēkaba vēst. 1:6-7). Citiem vārdiem, ja mēs gavējam un lūdzamies visu nakti, bet mūsu lūgšana pildīta ar šaubām, tad mums nav vērts gaidīt no Dieva atbildi.

Dievs mums skaidri saka: *"Jo patiesi, Es jums saku: ja kas šim kalnam sacīs: celies un meties jūrā! un nešaubīsies savā sirdī, bet ticēs, ka notiks, ko viņš saka: tad viņam notiks, ko viņš saka. Tāpēc Es jums saku: visu, ko jūs lūgdami lūgsiet, ticat, ka jūs dabūsiet, tad tas jums notiks,"* (Marka 11:23-24).

Jo *"Dievs nav cilvēks, ka melotu, nedz cilvēka bērns, ka Viņam kas būtu žēl. Vai Viņš sacītu un nedarītu, vai Viņš ko runātu un neturētu"* (4. Mozus 23:19) Dievs vienmēr atbild uz lūgšanām, tiem, kas tic Viņam un lūdzas par slavu Dievam. Ļaudis, kas mīl Dievu un kam ir ticība, noteikti sāks meklēt iespēju, lai dotu slavu Dievu, un tādēļ varēs palūgt Viņu par ko vien vēlēsies. Saņēmis atbildi uz savu lūgšanu, tāds cilvēks slavēs Kungu. Es aicinu jūs atbrīvoties no šaubām, nostiprināties ticībā, lai mēs varētu saņemt lūgto un savās sirdīs dot Viņam slavu.

6. Sagraut grēka sienu, kas uzcelta tā iemesla dēļ, ka jūs neesat sējuši Dieva priekšā.

Dievs, kā visa Visuma Pārvaldītājs, noteicis garīgo likumu, un, kā Taisnīgs Tiesnesis Viņš uztur visu drošā kārtībā.

Ķēniņš Dārijs nevarēja izglābt savu iemīļoto kalpu Danielu no lauvu rīklēm, tādēļ ka nevarēja atcelt pavēli, kuru pats bija parakstījis. Tāpat arī Dievs nevar pārkāpt garīgās pasaules likumus, kurus Pats noteicis, un viss Visumā notiek tā, kā Viņš ir noteicis. Tādēļ Dievs „neļaujas apsmieties" un ļauj cilvēkam pļaut to, ko viņš iesējis (Vēst. Galatiešiem 6:7). Ja cilvēks sēj lūgšanu, viņš pļaus garīgas svētības; ja viņš sēj savu laiku, tad pļaus labas veselības svētības; ja viņš sēj ziedojumus, tad Dievs novērsīs no viņa finansiālas problēmas darbā un mājās un sūtīs viņam vēl lielākas materiālas svētības.

Kad mēs dažādiem ceļiem sējam Dieva priekšā, Viņš atbild uz mūsu lūgšanām, dāvā mums visu, par ko mēs lūdzam. Tādēļ ar centību sēsim, lai ne tikai pienestu bagātīgu augli, bet arī saņemtu no Dieva lūgto.

Bez jau iepriekš pieminētajiem sešiem grēkiem, kuru dēļ rodas siena starp Dievu un cilvēku, grēka izpratne vēl sevī ietver miesas vēlmes un darbus, tajā skaitā arī tādus, kā netaisnība, skaudība, naidīgums, ļaunums, lepnība, atteikšanās no cīņas ar grēku „līdz asins izliešanai" un degsmes trūkums pēc Dieva Valstības. Zinot, tieši kur atrodas šķērslis starp mums un Dievu, mums jāsarauj grēka siena, lai pagodinātu Viņu un saņemtu atbildi uz lūgšanām. Katrs no mums var kļūt fiziski vesels un finansiāli veiksmīgs ticīgais, tāds, kura dvēsele uzplaukst un atrodas Dievā.

Pamatojoties uz pravieša Jesajas vārdiem 59:1-2, mēs izskatījām iemeslus, kuri uzceļ šķēršļus starp Dievu un cilvēku. Lai katrs no jums kļūst svētīts Dieva bērns un saprot šī šķēršļa būtību. Lai katrs no jums iegūst labu veselību un gūst sekmes visos savos darbos, lai pagodinātu mūsu Debesu Tēvu par visu, ko Viņš dod mums pēc mūsu lūgšanas. Es lūdzos par to Jēzus Kristus vārdā.

5. nodaļa.

Jūs pļausiet to, ko esat sējuši

„Bet to Es saku: kas sīksti sēj, tas arī sīksti pļaus; un kas bagātīgi sēj, tas arī bagātīgi pļaus. Ikviens, kā tas savā sirdī apņēmies, ne noskumis, nedz piespiests;
jo priecīgu devēju Dievs mīl."

(2. Vēstule Korintiešiem 9:6-7).

Katru rudeni mēs varam redzēt, kā šūpojas zelta viļņiem nobriedušie rīsu sējumi. Mēs zinām, cik fermeriem nācies pūlēties, centīgi apsējot un kopjot laukus, rūpējoties par dzinumiem visa pavasara un vasaras laikā, līdz pat ražas novākšanas laikam. Fermeris, kuram liels lauks pūlas vairāk, nekā fermeris, kurš apsējis mazu lauku. Cerot uz bagātīgu ražu, zemkopis strādā centīgi un neatlaidīgi. Dabas likums saka mums to, ka cilvēks nopļaus to, ko iesējis. Mums jāzina, ka tāds pats likums eksistē arī garīgajā pasaulē, kas pieder Dievam.

Starp šodienas kristiešiem ir ļaudis, kuri prasa Dievam piepildīt viņu vēlmes, bet, pie tam viņi neko nesēj. Citi žēlojas, ka Dievs viņiem neatbild, neskatoties uz centīgo lūgšanu. Dievs grib dot Saviem bērniem svētības pārpārēm un piepildīt jebkuru vajadzību. Bieži cilvēks nesaprot, ko nozīmē sējas un pļaujas likums un šī iemesla dēļ nesaņem no Dieva prasīto. Pamatojoties uz dabas likumu: „Ko cilvēks iesējis, to arī pļaus" izskatīsim, ko tieši un kā mums jāsēj, lai saņemtu atbildi no Dieva un Viņu pagodinātu.

1. Mums vispirms jāapstrādā lauks.

Pirms fermeris sāk sēt, viņam vispirms jāveic sava lauka kultivēšana. Viņam nāksies novākt akmeņus, nolīdzināt zemi, sagatavot visus noteikumus, lai sēklas varētu izaugt. Centība un darba mīlestība, palīdzēs pat aizlaistu zemi pārvērst auglīgā laukā.

Bībelē katra cilvēka sirds pielīdzināta laukam un sadalīta četros augsnes tipos (Mateja 13:3-9).

Pirmais lauks – tā ir "ceļmalas zeme."

Zeme pie ceļa atšķiras ar to, ka tā ir cieta. Cilvēks ar tādu sirdi apmeklē baznīcu, bet pat sadzirdot vārdu, neatver tam savu sirdi. Tādēļ viņš nav spējīgs iepazīt Dievu un viņam nav pietiekoši ticības un Dieva Vārda zināšanas.

Otrā augsne – tā ir "akmeņaina zeme."

Akmeņainā zemē asni akmeņu dēļ nevar izaugt kā pienākas. Cilvēks ar tādu sirdi zina Dieva Vārdu prāta līmenī, bet viņa ticība neapstiprinās ar darbiem. Viņš nav iesakņojies ticībā, tādēļ ātri atkrīt kārdināšanu un pārbaudījumu laikos.

Trešais lauka tips – tā ir ērkšķaina zeme.

Ērkšķi vai dzeloņi, izaug un nomāc asnus, tādēļ tādā zemē nevar izaudzēt labu ražu. Cilvēks ar tādu sirdi tic Dieva Vārdam un cenšas dzīvot pēc Vārda. Tajā pat laikā, viņš darbojas sekojot savas miesas vēlmēm, bet ne tam, kas atbilst Dieva gribai. Vārda, kas iesēts viņa sirdī, augšana, tiek noslāpēta kārdināšanās. Viņš tiek kārdināts ar tieksmi pēc bagātības, pēc naudas un pasaulīgām rūpēm. Un tādēļ, viņš nepienes augli. Lai arī viņš lūdzas, bet pilnībā paļauties uz neredzamo Dievu viņš nav spējīgs, viņu ātri sajauc paša domas un paša ceļa izvēle. Tāds cilvēks nevar piedzīvot Dieva spēku, tādēļ ka Dievs atrodas tālu no viņa.

Ceturtā augsne – tā ir „laba zeme."

Cilvēks ar tādu sirdi vienmēr saka „āmen" katram vārdam no Dieva un ar ticību paklausa viņam, nemēģinot tajā ienest paša nodomus un aprēķinus. Kad sēkla iesēta labā augsnē, tā labi uzaug, nes augļus simts, sešdesmit kārt vai trīsdesmit kārt vairāk. Jēzus vienmēr palika uzticīgs Dieva Vārdam (Vēst. Filipiešiem 2:5-8). Tāpat arī cilvēks, kura sirds ir kā laba zeme, dzīvos pēc Dieva Vārda, bez jebkādiem nosacījumiem. Ja Dieva Vārds liek viņam priecāties, viņš priecāsies jebkādos apstākļos. Ja Dieva Vārds liek viņam vienmēr lūgties viņš nenogurstoši lūgsies. Cilvēks ar tādu sirdi vienmēr atrodas kontaktā ar Dievu, dzīvo pēc Viņa prāta un var saņemt no Viņa visu, ko viņš prasīs lūgšanā.

Nav nozīmes tam, kāda ir jūsu sirds šajā momentā: mēs vienmēr varam pārvērst to labā zemē. Mēs varam sacietējušu zemi uzart un novākt visus akmeņus, aizvākt ērkšķus un uzlabot mūsu lauku.

Kādā gan veidā mēs varam uzlabot mūsu sirdis, lai pārvērstu tās „labā zemē"?

Pirmkārt – mums jāpaklausa Dievam Garā un patiesībā.

Mums jāvelta Kungam visu mūsu prātu, gribu un spēku un ar mīlestību jāatdod Viņam savu sirdi. Tikai tad, mēs būsim norobežoti no vieglprātīgām domām, noguruma un miegainības, ar Augstāko spēku palīdzību spēsim pārvērst mūsu sirdis labā augsnē.

Otrkārt, mums jācīnās ar mūsu grēkiem līdz pat asins izliešanai.

Kad mēs pilnīgi paklausām Dieva Vārdam, pildot visas Viņa pavēles un nepārkāpjam aizliegumus, mūsu sirdis pakāpeniski pārvērtīsies labā zemē. Piemēram, ja mēs atradīsim sevī skaudību, greizsirdību, ienaidu vai kaut ko tamlīdzīgu, mēs spēsim sevi pārveidot tikai ar centīgas lūgšanas palīdzību.

Centīgi uzlabojot mūsu sirds zemi, mēs sāksim pieaugt ticībā un visi mūsu darbi, kas darīti Dievišķā mīlestībā, atnesīs veiksmi. Mums rūpīgi jākultivē mūsu zeme, lai dzīvojot pēc Dieva Vārda, arvien vairāk nostiprinātos garīgajā ticībā. Un, jo vairāk mēs pieaugsim garīgajā ticībā, jo labāka kļūs mūsu sirds augsne. Tā ka mums ar lielu centību jāapstrādā savas sirdis.

2. Mums jāsēj dažādas sēklas.

Kad zeme apstrādāta, fermeris sāk tajā sēt sēklas. Mums vajadzīga dažāda barība, lai saglabātu savu veselību. Tādēļ fermeris liek zemē dažādas sēklas: viņš sēj rīsus, rudzus, dārzeņus, pupiņas un tā tālāk.

Dieva priekšā sējot, mums jāsēj dažādas sēklas. Garīgajā nozīmē, „sēšana" attiecas uz Dieva pavēļu izpildīšanu. Piemēram, ja Dievs liek mums vienmēr priecāties, mums jāsēj prieks, kas nāk no cerības uz Debesu Valstību, tādā veidā patīkot Dievam, Kurš izpilda mūsu sirds vēlmes (Psalmi 36:4). Ja Dievs liek mums sludināt Evaņģēliju, mums centīgi jāliecina par Dieva Vārdu. Ja Viņš saka, lai mēs mīlētu cits citu, būtu ticīgi, būtu pateicīgi un lūgtos, mums precīzi jāizpilda visas pavēles.

Bez tam, dzīvojot pēc Dieva Vārda, mēs sējam Viņa priekšā, kad dodam desmito un ievērojam Kunga Dienu. Viss tas, ko mēs esam iesējuši, savā laikā izaugs, ziedēs un nesīs bagātīgus augļus.

Ja mēs sējam skopi un negribīgi, Dievs nepieņems mūsu pūliņus. Tāpat kā fermeris sēj sēklu cerot uz labu ražu rudenī, mums ar ticību jāskatās uz Dievu, Kurš svētīs mūs simtkārt, sešdesmit un trīsdesmit kārt.

Vēstulē Ebrejiem 11:6, teikts: *„Bet bez ticības nevar patikt. Jo tam, kas pie Dieva griežas, nākas ticēt, ka Viņš ir un ka Viņš tiem, kas Viņu meklē, atmaksās."* Uzticoties Viņa Vārdam, bagātīgi sējot Dieva priekšā, mēs pļausim bagātīgu ražu šinī pasaulē, un mums tiks atmaksāts Debesu Valstībā.

3. Nepieciešams centīgi un pastāvīgi rūpēties par lauku.

Pēc sējas fermeris turpina ar centību rūpēties par lauku. Viņš laista augus, ravē dobes un iznīcina kaitēkļus. Bez šīm pūlēm asni var nonīkt un aiziet bojā, tā arī nepienesot augļus. Garīgā nozīmē „ūdens" nozīmē Dieva Vārdu. Jēzus mums Jāņa Evaņģēlijā 4:14, saka: *„Bet, kas dzers no tā ūdens, ko Es tam došu, tam neslāps nemūžam: ūdens, ko Es tam došu kļūs viņā par ūdens avotu, kas verd mūžīgai dzīvībai."* Ūdens šeit simbolizē mūžīgo dzīvību un patiesību. „Iznīcinot kaitēkļus" mēs savā sirdī sargājam Dieva Vārdu no velna uzbrukumiem. Caur slavēšanu, pateikšanos un lūgšanām mēs varēsim norobežot mūsu sirdi no velna mēģinājumiem traucēt tās pilnveidošanu.

„Ravējot lauku" mēs atbrīvojamies no tādiem grēkiem, kā ienaids, dusmas un tamlīdzīgiem. Kad mēs ar centību lūdzamies un cenšamies atbrīvoties no dusmām un ienaida, mēs ar to pašu dodam iespēju izaugt pazemības un mīlestības sēklām. Atbrīvojušies no visādiem grēkiem un stāvot pretī velnam, mēs varēsim izaugt mīlestībā kā īsti Dieva bērni.

Kad mēs rūpējamies par apsēto lauku, ļoti svarīgi ievērot pareizos laikus. Ja fermeris sāks uzrakt zemi tūlīt pēc sējas, lai paskatītos, cik daudz sēklas uzdīgušas, viņš vienkārši sabojās visus dīgstus. Mums ar pacietību un pašatdevi jāgaida pļaujas perioda iestāšanās.

Laiks, kas vajadzīgs, lai augļi nobriestu, atkarīgs no augļa veida. Piemēram, arbūzs un melone ienākas katru gadu, tajā pat laikā iestādītā ābele vai bumbiere prasa vairāku gadu aprūpi. Fermeris, kas izaudzējis žeņšeņa sakni, priecājas vairāk nekā tas, kas izaudzējis arbūzu, tāpēc ka žeņšeņs prasa daudz vairāk rūpju un laika salīdzinot ar arbūziem.

Tādā pat veidā sējot priekš Kunga, mums jābūt gataviem tam, ka reizēm būs vajadzīgs laiks, pirms mēs ieraudzīsim augļus un saņemsim no Dieva atbildi. Vēstulē Galatiešiem 6:9, teikts: „**Tad nu nepiekusīsim, labu darīdami, jo savā laikā mēs pļausim, ja nepagursim.**" Tātad, pacietīgi rūpēsimies par mūsu lauku līdz pat pašam pļaujas laikam.

4. Ko jūs iesējāt, to arī pļausiet.

Jāņa Evaņģēlijā 12:24, Jēzus saka: *"Patiesi, patiesi Es jums saku: ja kviešu grauds nekrīt zemē un nemirst, viņš paliek viens: bet, ja viņš mirst, viņš nes daudz augļu."* Saskaņā ar Saviem likumiem, Taisnības Dievs atdevis Savu Vienpiedzimušo Dēlu kā izpirkšanas upuri par visu cilvēci, kas tāpat kā kviešu grauds, iekritis zemē, nomira par mums. Ar Savu nāvi Jēzus pienesa daudz augļus.

Garīgās pasaules likums līdzīgs dabas likumam, un tas mums saka, ka ikviens cilvēks pļaus to, ko iesējis. Šis likums nevar tikt pārkāpts. Vēstulē Galatiešiem 6:7-8, par to tieši pateikts: *"Nepieviļaties, Dievs neļaujas apsmieties. Jo, ko cilvēks sēj, to viņš arī pļaus. Kas sēj savā miesā, tas pļaus no miesas pazušanu, bet, kas sēj Garā, tas pļaus no Gara mūžīgo dzīvību."*

Atkarībā no sēklu veida, ar kurām fermeris apsēj lauku, viņš var rēķināties ar agrāku pļauju, nekā citi, tādēļ, novācis ražu, viņš var atkal sākt sēt. Un jo vairāk viņš sēj, jo labāk rūpējas par savu lauku, jo bagātāka būs raža. Tāpat arī mūsu attiecības ar Dievu: mēs pļausim to, ko iesējam.

Ja mēs sējam lūgšanu un slavēšanu, tad saņemam spēku no Augšas, un tā kā mūsu dvēsele gūst panākumus, mēs varēsim dzīvot pēc Dieva Vārda. Ja jūs sāksiet uzticīgi strādāt priekš Dieva Valstības, jūsu ķermeni pametīs visas slimības, un jūs saņemsiet svētības – kā fiziskas, tā arī garīgas. Ja jūs no sirds sējat materiālas lietas, atdodot desmito un pateicības ziedojumus, tad Viņš svētīs jūs ar finansiālu uzplaukumu, kuru jūs varēsiet izlietot priekš Dieva Valstības un Viņa taisnības.

Mūsu Kungs dod katram balvu pēc viņa darbiem, kā par to teikts Jāņa Evaņģēlijā 5:29: *"...un nāks ārā tie, kas labu darījuši, lai celtos augšām dzīvībai, bet tie, kas ļaunu darījuši, lai celtos augšām sodam."* Tātad mums jādzīvo Svētajā Garā un jādara savā dzīvē labi darbi.

Ja cilvēks sēj ne priekš Svētā Gara, bet, lai apmierinātu savas miesīgās iegribas, tad pļaus tikai šīs pasaules iznīcīgās vērtības. Ja jūs nosodāt citus ļaudis, jūs tāpat nokļūsiet zem apsūdzības pēc Dieva Vārda: *"Netiesājiet, lai jūs netaptu tiesāti. Jo ar kādu tiesu jūs tiesājat, ar tādu jūs tapsiet tiesāti, un, ar kādu mēru jūs mērojat, ar tādu jums taps atmērots,"* (Mateja 7:1-2).

Dievs piedevis visus mūsu grēkus, kas darīti līdz tam, kā mēs pieņēmām Jēzu Kristu. Bet, ja iepazinuši patiesību, mēs turpinām grēkot, tad saņemsim atmaksu par grēku, pat ja mēs to esam Dieva priekšā nožēlojuši.

Ja jūs sējat grēku, tad pēc garīgās pasaules likuma, pļausiet grēka augli, un jūs sasniegs grūtības un pārbaudījumi.

Kad Dieva iemīlētais Dāvids sagrēkoja, tad dzirdēja: *"Kāpēc tad tu esi noniecinājis Tā Kunga vārdu, darīdams to, kas ļauns Viņa acīs? Tu esi nogalinājis hetieti Ūriju ar zobenu, un viņa sievu esi ņēmis sev par sievu, bet viņu pašu tu esi nokāvis ar Amona zobenu... Tā saka Tas Kungs: redzi Es likšu nelaimei nākt pār tevi un tavu paša namu,"* (2. Samuēla grām. 12:9,11). Dāvids nožēloja to un saņēma Dieva piedošanu, bet mēs tāpat zinām, ka Dievs nonāvēja Dāvida dēlu, kuru Viņam dzemdēja

Ūrijas sieva (2. Samuēla 12:13-15).
Mums jādzīvo patiesībā un jādara labu, vienmēr atceroties, ka mēs pļausim to, ko būsim iesējuši. Sēsim priekš Svētā Gara, lai saņemtu dzīvību un vienmēr saņemtu Dieva svētības.

Bībelē ir daudz piemēru par to, kā ļaudis darīja to, kas patīk Kungam un saņēma no Viņa bagātīgas svētības. Sieviete no Sunemas pilsētas vienmēr ar rūpēm un mīlestību izturējās pret pravieti Elīsu, viņš palika viņas namā, kad uzturējās pilsētā. Apspriedusies ar vīru viņa sagatavoja mielastu priekš Elīsas, nolika tur gultu, galdu, krēslus un gaismekli, un aicināja Elīsu palikt pie viņiem (2. Ķēniņu 4:8-10).

Elīsa bija dziļi aizkustināts par šīs sievietes rūpēm. Uzzinājis ka viņas vīrs jau stipri gados un viņiem nav bērnu, Elīsa lūdza Dievu, lai Viņš svētī tos ar bērnu un jau nākamajā gadā sieviete palika grūta un dzemdēja dēlu (2. Ķēniņu, 4:11-17).

Dievs mums Psalmos 37:4, apsolījis: „Meklē savu prieku savā Kungā, tad Viņš tev dos pēc kā tava sirds ilgojas." Sievietes no Sunemas vēlme piepildījās, tāpēc ka viņa ar rūpēm, no sirds pakalpoja Dieva kalpam (2. Ķēniņu, 4:8-17).

Apustuļu darbos 9:36-40, mēs lasām par sievieti no Jopes vārdā Tabita, kura darīja daudz labus darbus un parādīja žēlastību. Kad viņa saslima un nomira, mācekļi par to pateica Pēterim. Kad Pēteris ienāca viņas namā, atraitnes rādīja viņam kreklus un kleitas, kuras viņām bija šuvusi Tabita, un lūdza viņu, lai to augšāmceltu. Pēteris bija no visa redzētā dziļi aizkustināts un sauca uz Kungu lūgšanā. Kad viņš teica: „Tabita, celies augšā"

– viņa atvēra savas acis un apsēdās viņa priekšā. Tabita sēja Kunga priekšā labus darbus, palīdzēja nabagiem un tādēļ viņas dzīve bija pagarināta.

Marka Evaņģēlijā 12:44, mēs lasām par nabaga atraitni, kura atdeva Dievam visu, kas viņai bija. Jēzus, vērojot templī, kas un kā ziedo, uzslavēja šo sievieti un teica saviem mācekļiem: *„Jo visi no savas pārpilnības ir metuši; bet šī no savas nabadzības ir iemetusi visu, kas tai bija, visu savu padomu."* Nav grūti iedomāties, ka šīs sievietes dzīve turpmāk bija piepildīta ar bagātīgām svētībām.

Pēc garīgās pasaules likuma, Dievs Savā taisnīgumā dod mums pļaut to, ko mēs esam iesējuši un apbalvo katru saskaņā ar viņa darbiem. Dievs var atbildēt uz visiem mūsu lūgumiem, tomēr mums jāsaprot, ka Dieva darbi notiek atkarībā no ticības un konkrēta cilvēka paklausības. Izmeklēsim mūsu sirdis un sāksim ar centību kultivēt mūsu sirds augsni, apsējot to ar labām sēklām, lai ar laiku saņemtu bagātīgu ražu atbilstoši mūsu pieliktajām pūlēm. Es lūdzos par to Jēzus Kristus vārdā!

6. nodaļa.

Elija saņem Dieva atbildi uguns veidā

„Bet Elija sacīja Āhabam:
„Ej, ēd un dzer, jo lielas lietusgāzes švīkoņa ir dzirdama."
Un Āhabs devās kalnup. Lai ēstu un dzertu,
bet Elija devās uz Karmela virsotni.
Viņš noliecās līdz pat zemei un lika savu vaigu starp ceļiem,
un sacīja savam puisim: „Ej lūdzu un skaties uz jūras pusi,"
un tas nogāja kalnup un raudzījās un sacīja: „Tur nav nekā." Viņš
teica: „Griezies turp atpakaļ septiņas reizes!"
Un notika, ka septītajā reizē tas sacīja:
„Tur ir mākonītis, tikpat niecīgs kā cilvēka delna,
tas paceļas no jūras puses!" Un Viņš sacīja tam: „Ej paziņo
Āhabam: liec aizjūgt un dodies lejup, ka lietus tevi nepārsteidz!"
Un notika, tanī laikā debesis aptumšojās ar mākoņiem
un sacēlās vētra, un sāka lietus gāzt, bet Āhabs sēdās ratos un
brauca uz Izraēlu."

(1.Ķēniņu 18:41-45).

Elija bija uzticīgs Dieva kalps, un viņš liecināja par Dzīvo Dievu, lai Izraēlieši, kas pielūdza elkus, varētu nožēlot grēkus. Viņš lūdza, lai Dievs viņam atbildētu sūtot uguni, un Dievs to izdarīja. Un, kad dēļ Dieva dusmām uz zemes nebija lietus trīs ar pusi gadus, Elija izdarīja brīnumu, izsauca no Augšas spēcīgu lietu, kas lika beigties sausumam.

Ja mēs ticam Dzīvajam Dievam, mēs līdzīgi Elijam, varēsim saņemt atbildi no Dieva uguns veidā un pagodināt Viņu ar savu liecību.

Izpētot Elijas ticību, kura ļāva viņam saņemt atbildi no Dieva uguns veidā un piepildīt visas viņa sirds vēlmes, mēs tāpat pārvērtīsimies par svētītiem Dieva bērniem, kuru lūgšanas Debesu Tēvam nepaliks bez atbildes.

1. Dieva kalpa Elijas ticība.

Būdami izredzēta Dieva tauta, Izraēliešiem vajadzēja kalpot vienam vienīgam Dievam. Taču Izraēliešu ķēniņi sāka darīt ļaunu Dieva acīs un pielūgt elkus. Kad Āhabs uzkāpa tronī, Izraēliešu tautā ļaunums un elku pielūgsme sasniedza kulmināciju. Dieva dusmas uz Izraēlu kļuva par nelaimju cēloni, un trīs ar pusi gadus valstī turpinājās sausums. Bet caur Savu kalpu Eliju, Dievs darīja brīnuma darbus. Dievs teica Elijam: „Un pēc kāda ilgāka laika Tā Kunga Vārds atkal nāca pār Eliju trešajā gadā sacīdams: *„Ej parādies Āhabam, un es gribu likt lietum līt pār zemi,"* (Pirmā Ķēniņu 18:1).

Mozus, kas izveda Izraēliešus no Ēģiptes, iesākumā

nepaklausīja Dievam, kas lika viņam iet pie faraona. Tāpat arī Samuels, kad Dievs teica viņam svaidīt Dāvidu, no sākuma negribēja pildīt šo norādījumu. Bet, kad Dievs teica Elijam iet pie Āhaba, pie ķēniņa, kurš meklēja viņu nogalināt jau trīs gadus, Elija nekavējoties paklausīja Dieva vārdam, patīkot Dievam ar savu ticību.

Elija vienmēr ar ticību un paklausību pieņēma katru Dieva vardu, un tādēļ Dievs varēja daudz reižu atklāt Savu spēku caur pravieti. Dievs iemīlēja Eliju par viņa paklausīgo ticību, uzņēma viņu Savu kalpu skaitā un pavadīja viņu visos ceļos, palīdzot viņam visos viņa darbos. Galvotājs ticībā Elijam bija Dievs, tādēļ Elija varēja uzcelt mirušos, saņemt atbildi no Dieva uguns veidā, un beigu beigās viņš uzbrauca debesīs ugunīgā karietē. Dievs viens sēž Debesu Tronī, Visvarenais Radītājs redz visu Visumu un atklāj Savus darbus tajā vietā, kur ir Viņa klātbūtne. Kā teikts Marka Evaņģēlijā 16:20: *„Un tie izgāja un mācīja visās malās, un Tas Kungs tiem darbā palīdzēja un vārdus apstiprināja ar līdzejošām zīmēm.''* Kad Dievs atzīst un apstiprina kāda ticību, tad tāda cilvēka lūgšanu pavada brīnumi, kā zīme par to, ka Dievs viņā mājo.

2. Elija saņēma Dieva atbildi uguns veidā.

Elijas ticība un paklausība bija tik lielas, ka Dievs izvēlējās viņu par Savu pravieti, kurš varēja droši paredzēt priekšā stāvošo sausumu Izraēlā.

Viņš teica ķēniņam Āhabam: *"Tik tiešām, ka Tas Kungs, Izraēla Dievs, dzīvo, kā priekšā es stāvu, šajos nākamajos gados nebūs ne rasas, ne lietus, kā vienīgi pēc mana vārda pavēles!"* (Pirmā Ķēniņu 17:1).

Dievs zināja iepriekš, ka Āhabs gribēs pravieti, kas pareģojis sausumu nonāvēt, un tādēļ Viņš aizveda to pie Kritas straumes, liekot kraukļiem no rīta un vakarā atnest Elijam maizi un gaļu. Kad dēļ sausuma Kritas straume izžuva, Dievs aizveda Eliju uz Sareptu Sidonā, aizveda pie sievietes – atraitnes, lai tā rūpētos par viņu un to ēdinātu.

Bet, kad atraitnes dēls saslima, viņam palika arvien sliktāk un sliktāk un beigās viņš nomira, Elija sauca uz Dievu lūgšanā: *"Kungs, mans Dievs, liec, lūdzu, šī bērna dvēselei atkal atgriezties viņā!"* (Pirmā Ķēniņu 17:21).

Dievs sadzirdēja Elijas lūgšanu un atgrieza šim zēnam dzīvību. Tādā veidā Dievs parādīja, ka Elija ir Dieva cilvēks un ka Kunga vārds viņa mutē ir patiesība (1. Ķēniņu 17:24).

Daudzi mūsu paaudzes cilvēki nevar sākt ticēt Dievam līdz tam laikam, kamēr neierauga zīmes un brīnumus no Augšienes (Jāņa 4:48). Lai varētu liecināt par Dzīvo Dievu mūsu laikā, katram no mums jāapbruņojas ar ticību, kas līdzīga tai, kura bija Elijam, un ar dedzību jāsludina Evaņģēlijs.

Trešajā gadā pēc tam, kā Elija izrunāja ķēniņa Āhaba priekšā pravietiskos vārdus: *"Šajos nākamajos gados nebūs ne rasa, ne lietus kā vienīgi pēc mana vārda pavēles"*, Dievs pavēlēja

Elijam: *„Ej parādies Āhabam, un Es gribu likt lietum līt pār zemi"* (1. Ķēniņu 18:1). Par to pašu rakstīts arī Lūkas Evaņģēlijā 4:25, „Jo patiesi Es jums saku: daudz atraitņu bija Izraēla namā Elijas dienās, kad debess bija aizslēgta trīs gadus un sešus mēnešus, tā ka liels bads nāca pa visu zemi." Citiem vārdiem, Izraēlā nebija lietus trīs ar pusi gadus. Līdz tam kā Elija nostājās Āhaba priekšā otru reizi, ķēniņš visur viņu meklēja domājot, ka Elija ir vainīgs pie tā, ka pār zemi atnācis sausums.

Zinot, ka viņam draud tūlītēja nāve, tiklīdz viņš nostāsies Āhaba priekšā, Elija tomēr paklausīja Dieva balsij. Kad Elija nostājās ķēniņa priekšā, Āhabs viņam jautāja: „... vai tu tas esi, kas Izraēlu sajauc?" (1. Ķēniņu 18:17). Uz ko Elija atbildēja: *„Es Izraēlu neesmu sajaucis, bet tu un tava tēva nams, caur to, ka jūs esat atstājuši tā Kunga baušļus un Baāliem pakaļ staigājuši,"* (1. Ķēniņu 18:18). Elija ar pārdrošību un bez bailēm darīja zināmu Dieva gribu. Viņš izdarīja vēl vienu soli, sakot Āhabam: *„Un nu lūdzu, sapulcini pie manis visu Izraēli Karmeļa kalnā un tos četrsimt piecdesmit Baāla praviešus un tos četrsimt Ašēras praviešus, kas ēd pie Jezebeles galda,"* (1. Ķēniņu 18:19).

Elija labi saprata, ka sausums pārņēmis Izraēlas zemi elku pielūdzēju dēļ, un viņš bija gatavs nostāties pret 850 elku kalpotājiem, lai parādītu visai tautai, ka „... kurš Dievs nu ar uguni atbildēs, tas lai ir Dievs." Esot ar nelokāmu ticību, Dieva pravietis zināja, ka Dievs viņam atbildēs caur uguni.

Un Elija teica Baāla praviešiem: *"Izvēlieties vienu vērsi un sataisiet to papriekšu, jo jūs esat daudzi un piesauciet savu Dieva vārdu, bet uguni neliekat klāt,"* (1. Ķēniņu 18:25). Un ieraudzījis, ka Baāla pravieši nesaņēma atbildi no sava dieva, Elija sāka tos izsmiet.

Zinot, ka Dievs noteikti viņam atbildēs ar uguni, Elija pavēlēja Izraēliešiem uzcelt altāri, uzlikt uz tā malku, tam virsū bija upuris, pēc tam viņš pavēlēja apliet altāri ar ūdeni un sāka lūgties sakot: *"Paklausi mani, Kungs, paklausi mani, lai šie ļaudis atzīst, ka tu Kungs esi Dievs, un ka tu viņu sirdi atgriezi atpakaļ,"* (1. Ķēniņu 18:37).

"Kunga uguns nonāca pēc tam, un aprija dedzināmo upuri, gan malku, gan akmeņus un aprija ūdeni, kas bija bedrē. Kad nu visi ļaudis to redzēja, tad tie metās uz sava vaiga un sacīja: *"Tas Kungs ir Dievs, Tas Kungs ir Dievs!"* (1. Ķēniņu 18:38-39).

Viss tas kļuva iespējams tāpēc, ka Elija ne sekundi nešaubījās Dievā (Jēkaba vēst. 1:6). Viņš ticēja, ka saņems to, par ko prasa lūgšanā (Marka 11:24).

Kādēļ Elija lika liet ūdeni uz altāra, pirms tam kā lūdzās? Pēc trīs gadu sausuma ūdens katastrofāli nepietika un tas bija zelta cenā. Piepildot četrus spaiņus ar ūdeni un aplejot altāri trīs reizes (1. Ķēniņu 18:33-34), Elija parādīja Dievam savu ticību pienesot Viņam pašu vērtīgāko, kas viņam bija. Dievs, kas mīl to, kas labprāt dod (2. vēst. Korintiešiem 9:7), ne tikai ļāva Elijam pļaut to, ko viņš iesējis, bet arī atbildēja viņam ar uguni, parādot visai

Izraēla tautai, ka viņu Dievs Dzīvs.

Ejot pa Elijas pēdām un parādot savu ticību, atdosim Kungam pašu vērtīgāko, kas mums ir, lai sagatavotu sevi Viņa atbildei uz mūsu lūgšanām. Un tad mēs varēsim liecināt visiem ļaudīm, ka mūsu Dievs Dzīvs, un atbild caur uguni.

3. Elija izsauc uz zemi lietu.

Parādījis Izraēliešiem Dzīvā Dieva spēku, Kas atbild caur uguni, un aicinājis tautu nožēlot grēkus, Elija neaizmirsa par savu solījumu Āhabam: *„...tik tiešām ka tas Kungs Izraēla Dievs dzīvo, kā priekšā es stāvu, šajos gados nebūs ne rasas, ne lietus, kā vien, kad es to sacīšu,"* (1. Ķēniņu 17:1).

Un lūk, Elija teica ķēniņam: *„celies, ēd un dzer, jo šņāc kā uz lietu,"* (1. Ķēniņu 18:41), pēc tam viņš uzkāpa Karmeļa kalnā. Elija izdarīja to, lai piepildītos Dieva Vārds, jo Dievs apsolīja atbildēt pravietim un sūtīt lietu uz zemi.

Uzkāpjot Karmeļa kalnā, Elija metās zemē un lika savu vaigu starp saviem ceļiem. Kāpēc Elija lūdzās tieši tādā veidā? Tāpēc ka trīsas un bailes pārņēma viņu lūgšanas laikā.

Iedomājoties paši šo skatu, mēs varam saprast, cik patiesi sauca Elija uz Dievu. Vēl vairāk, viņš nepārtrauca lūgties, kamēr neieraudzīja atbildi no Dieva pats savām acīm. Pravietis lika kalpam skatīties uz jūras pusi un septiņas reizes sauca uz Dievu, kamēr kalps neieraudzīja mākoni cilvēka plaukstas lielumā. Un tāda lūgšana bija Dieva sadzirdēta. Jāuzskata, ka Elijas lūgšana patiešām bija ar varenu spēku, ja viņš varēja izsaukt lietu pēc sausuma, kurš ilga trīs ar pusi gadus. Saņēmis no Dieva atbildi ar uguns starpniecību , Elija apstiprināja to, ka caur viņu Dievs darīja lielus darbus, un to pašu viņš izdarīja pēc tam, kad izsauca lietu uz zemi. Ieraudzījis pie horizonta plaukstas lieluma mākoni, Elija sūtīja cilvēku pateikt Āhabam: *„Jūdz ratus un brauc, ka lietus tevi nepārsteidz,"* (1. Ķēniņu 18:44). Elijas ticība bija tāda, ka viņš varēja ar pārliecību runāt par to, kas vēl acīm nebija saredzams (vēst. Ebrejiem 11:1). Dievs varēja darboties caur Elijas ticību, un patiešām, pēc neilga laika, debesis satumsa no mākoņiem un no vētras, un sāka līt spēcīgs lietus (1. Ķēniņu 18:45).

Mums jātic, ka Dievs, kas dāvāja Elijam atbildes uguns veidā un sūtīja ilgi gaidīto lietu uz zemi pēc sausuma, ir Tas pats Dievs, Kurš atbrīvos mūs no grūtībām un ciešanām, izpildīs mūsu sirds vēlmes un sūtīs savas brīnumainās svētības.

Šajā momentā es esmu pārliecināts, ka jūs jau sapratāt: lai saņemtu atbildi no Dieva uguns veidā, pagodinātu Viņu un piepildītu savas sirds vēlmes, jums vispirms jāparāda sava ticība, jāiznīcina grēka siena, kas atdala jūs no Dieva, un jāprasa Viņam par visu bez šaubu ēnas.

Bez tam, jums ar prieku jāuzceļ altāris Dievam, jāatdod Viņam savus ziedojumus un centīgi jālūdzas. Un tāpat, kamēr nesaņemsiet atbildi no Dieva, jums ar savu muti jāapstiprina, ka Viņš to izdarīs. Dievs ieraudzīs jūsu pūles un atbildēs uz jūsu lūgšanām, lai jūs dotu Viņam slavu savā siržu apmierinātībā.

Mūsu Dievs mums atbild, kad mēs lūdzamies par mūsu dvēseles problēmām, par grūtībām ar bērniem, veselību, darbu vai par citām lietām, lai mēs dotu viņam slavu. Lai mūsu ticība kļūst līdzīga Elijas ticībai, lai mēs lūgtos līdz tam laikam, kamēr Dievs mums neatbildēs un vienmēr dotu slavu mūsu Debesu Tēvam.

7. nodaļa.

Izpildīt mūsu sirds vēlmes

„Meklē savu prieku savā Kungā, tad Viņš tev dos pēc kā tava sirds ilgojas."

(Psalmi 37:4).

Daudz ļaužu šodien gaida savu problēmu risinājumu no Visvarenā Dieva. viņi centīgi lūdzas, gavē, pavada naktis lūgšanā par dziedināšanu, par biznesa atjaunošanu, par bērnu piedzimšanu un par materiālām lietām. Par nožēlu vairums no šiem ļaudīm tā arī nesaņem atbildi no Dieva uz savām lūgšanām.

Ja Dievs neatbild mēneša vai divu mēnešu laikā, ļaudis bieži atslābst lūgšanā, sāk šaubīties par Dieva eksistenci, novēršas no Viņa, kalpojot elkiem un tādā veidā nozākā Viņa vārdu. Ja cilvēks apmeklē baznīcu, bet nesaņem Dieva spēku un negodina Viņu, vai tā ir īsta ticība? Ja cilvēks patiesi tic Dievam, tad kā Dieva bērns, viņš var saņemt no Dieva savu vēlmju piepildīšanos un panākt ar Dieva palīdzību visu to, ko nodomājis dzīvē.

Tomēr daudzi, kas saka, ka tic Dievam, īstenībā cieš pilnīgu neveiksmi savā sirdī. Tas notiek tādēļ, ka viņi nepazīst paši sevi. Pamatojoties uz šo pantu no Bībeles, paskatīsimies, kā mums piepildīt mūsu sirds vēlmes.

1. Pirmkārt, cilvēkam jāizmeklē sava sirds.

Katram no mums jāizmeklē sevi: vai patiešām mēs no visas sirds ticam Visvarenajam Dievam, vai mūsu ticība – tāda pa pusei un mēs vienkārši ceram uz Dievu, kā uz veiksmi? Daudzi līdz tam, kā iepazina Jēzu Kristu pavadīja dzīvi, paļaujoties uz elkiem vai paši uz sevi. Pārbaudījumu un ciešanu laikos saprotot, ka ne viņu elki, ne viņi paši nevar palīdzēt tiem tikt galā ar problēmām, ļaudis sāk aizdomāties un tad sadzirdējuši vēsti par Dievu, Kurš var viņiem palīdzēt, tie nāk pie Viņa.

Tā vietā, lai ar ciešu ticību raudzītos uz Kungu, pasaules ļaudis ar šaubām sev jautā: "Vai gan Dievs man atbildēs, ja ko prasīšu Viņam lūgšanā?", vai: "Iespējams, ka lūgšana palīdzēs man pārdzīvot šīs grūtības." Visvarenais Dievs, kas pārvalda gan visas cilvēces vēsturi, tāpat arī dzīvību, nāvi un atsevišķa cilvēka svētības, ceļ augšā mirušos un dziļi izmeklē cilvēka sirdi. Un mēs zinām, ka Dievs neatbildēs cilvēkam ar dalītām domām (Jēkaba vēst. 1:6-8).

Tam, kas patiesi grib, lai viņa sirds vēlmes piepildītos, jāatmet visas šaubas un jātic, ka jau saņēmis to, par ko Visvarenajam Dievam prasījis lūgšanā. Tikai tad Dievs parādīs pret viņu savu mīlestību un piepildīs visas viņa lūgšanas.

2. Otrkārt, cilvēkam jāizmeklē sava pārliecība par glābšanu un savas ticības stāvokli.

Daudzi draudžu apmeklētāji piedzīvo ticības trūkumu. Ļoti apbēdinoši redzēt daudzu ļaužu garīgo maldīšanos, kas aiz savas garīgās lepnības neredz, ka viņi iet pa nepareizu ceļu. Citiem vajadzīga pārliecība par savu glābšanu pat pēc daudziem kalpošanas gadiem Kristum.

Vēstulē Romiešiem 10:10, lasām: *"Jo ar sirds ticību panākama taisnība un ar mutes liecību pestīšana."*
Kad jūs atverat savu sirdi un pieņemat Jēzu Kristu, kā savu

Glābēju, ar Svētā Gara palīdzību jūs kļūstat par Dieva bērniem. Vēl vairāk, apliecinot, ka Jēzus Kristus – jūsu Glābējs, ticot, ka Dievs uzcēlis Jēzu no mirušiem, jūs iegūstat pārliecību par paša glābšanu.

Bet, ja jūs šaubāties par savu glābšanu, tad tas nozīmē, ka ar jūsu ticību kaut kas nav kārtībā. Ja jūsos nav pārliecības par to, ka Dievs ir jūsu Tēvs, un, ka jūs esat ieguvuši Debesu pilsonību un kļuvuši par Viņa bērnu, tad jūs nespēsiet dzīvot pēc Tēva gribas.

Šī iemesla dēļ Jēzus mums saka: *"Ne katrs, kas uz Mani saka: Kungs! Kungs! ieies Debesu Valstībā, bet tas, kas pilda Mana Tēva gribu,"* (Mateja 7:21). Ja jūs vēl neesat iegājuši bērna attiecībās ar Dievu, tad pilnīgi dabīgi, ka jūs nevarat rēķināties, ka Dievs atbildēs uz jūsu lūgšanām. Tajā pat laikā, pat kļūstot par Dieva bērnu, jūs varat nesaņemt atbildi uz lūgšanām, ja Dievs ieraudzīs nepatiesību jūsu sirdī.

Taču, ja jūs esat kļuvis par Dieva bērnu un ieguvis pārliecību par glābšanu, nožēlojis visus grēkus Dieva priekšā par iepriekšējo dzīvi, tad Viņš atrisinās visas jūsu problēmas, atbrīvos no slimībām, neveiksmēm biznesā un finansēs. Viss kārtosies jums par labu.

Ja jūs saucat uz Dievu par problēmu ar jūsu bērnu, tad ar patiesības Vārdu Dievs palīdzēs jums saprast un atrisināt pārpratumus, kuri bija starp jums un bērnu. Reizēm bērniem gadās ko sliktu izdarīt, un vairumā gadījumu tieši vecāki atbildīgi par problēmām, kas radušās. Pirms tam, kā norādīt ar pirkstu uz bērnu kļūdām, vecākiem pašiem jānovēršas no netaisnajiem ceļiem un jānožēlo grēki, cenšoties mīlestībā un pacietībā audzināt savus bērnus. Un Dievs sūtīs viņiem gudrību un vērsīs visus apstākļus bērniem un viņu vecākiem par labu.

Tātad, ja jūs atnākat uz draudzi, lai atrisinātu problēmas ar bērniem, atbrīvotos no slimībām vai finansiālām grūtībām, jums pirms lūgšanas un gavēšanas jāpacenšas saprast, kas stāv kā šķērslis starp jums un Dievu un jānožēlo tas. Tad Dievs sūtīs jums Svētā Gara vadību un nokārtos visu jums par labu. Bet, ja jūs necenšaties saprast, kur ir jūsu grēks, nedzīvojiet pēc Dieva Vārda, tad jūsu lūgšanas paliks bez atbildes.

Ir daudz iemeslu, kuru dēļ ļaudis nevar sasniegt patiesību visā pilnībā, un, kā rezultātā, viņi zaudē Dieva svētības. Bet sirds vēlmes katram no mums kļūs īstenība, ja tikai mēs iegūsim pārliecību par glābšanu un dzīvosim pēc Dieva gribas (5. Mozus 28:1-14).

3. Treškārt, jums jāpatīk Dievam ar saviem darbiem.

Ja cilvēks atzīst Dievu Radītāju un pieņem Jēzu Kristu kā savu Glābēju, viņa dvēsele sāk gūt sekmes pēc tā mēra, kā viņš iepazīst patiesību. Uzzinot vairāk un vairāk par Dieva sirdi, cilvēks varēs dzīvot dzīvi, kas tīkama Kungam. Divu un trīs gadus veci mazuļi vēl nezin, kā iepriecināt savus vecākus, bet pieaugot bērni jau māk izpatikt viņiem. Tādā pat veidā, jo pilnīgāk mēs dzīvojam patiesībā, jo vairāk patīkam Dievam.

Atkal un atkal no jauna mēs Bībelē atrodam piemērus, kā ticības tēvi saņēma atbildes uz savām lūgšanām, patīkot Dievam. Kā Dievam izpatika Ābrahams?

Ābrahams vienmēr dzīvoja mierā un svētumā (1. Mozus, 13:9), kalpojot Kungam ar visu savu miesu, visu savu dvēseli, visu savu prātu (1. Mozus 18:1-10); un viņš vienmēr paklausīja Dieva Vārdam (vēst. Ebrejiem 11:19; 1. Mozus 22:12), tādēļ ka ticēja, ka Dievs spējīgs arī pat mirušos augšāmcelt. Un tādēļ Ābrahāms dabūja Jehovas, vai „Dievs nokārtos" svētības, un tāpat svētības finansēs, bērnos, veselībā un visās citās dzīves nozarēs (1. Mozus, 22:16-18; 24:1).

Ko darīja Noas, lai saņemtu Dieva svētības? Noas bija taisns un nevainojams cilvēks (1. Mozus 6:9). Kad ūdens apklāja visu zemi, tikai Noas un viņa ģimene varēja izglābties un izbēgt no soda. Jo Noas staigāja ar Dievu un paklausīja Viņa vārdiem par šķirsta būvēšanu un rezultātā izglāba sevi un savu ģimeni.

Kad atraitne no Sareptas iesēja sēklu, palīdzot Dieva kalpam Elijam ilgā sausuma laikā (1. Ķēniņu 17:8-16), viņa saņēma bagātīgas svētības. Pēc savas ticības viņa varēja izcept plāceni priekš Elijas no miltu saujas un neliela daudzuma eļļas, kas bija viņas traukā. Un Dievs svētīja viņu un piepildīja pravietiskos vārdus par viņu: *„Jo tā ir sacījis Tas Kungs, Izraēla Dievs: milti tīnē neizsīks un eļļas apaļā krūzē nepietrūks līdz tai dienai,* *kurā Tas Kungs atkal dos lietu virs zemes,"* (14p.).

Sieviete no Sunemas pilsētas (2. Ķēniņu 4:8-17) ar rūpēm un bijību izturējās pret Dieva kalpu Elīsu un Dievs sūtīja viņai dēļu. Šī sieviete kalpoja Dieva pravietim negaidot balvas, bet tādēļ, ka patiesi un no sirds mīlēja Dievu. Vai gan būtu jābrīnās par to, ka Dievs viņu bagātīgi svētīja?

Mēs tāpat varam ieraudzīt, kā Dievs priecājās redzot Daniela un viņa trīs draugu ticību. Daniels būdams iemests lauvu bedrē par to, ka lūdza Dievu, iznāca no tās bez nevienas skrambas, tādēļ ka ticēja Dievam (Daniela 6:16-23). Trīs Daniela draugus sasēja un iemeta degošā krāsnī par to, ka viņi nepielūdza elku. Bet viņi deva slavu Kungam, iznākot no sakarsētās krāsns veseli un necietuši (Daniela 3:19-26).

Mateja Evaņģēlija 8. nodaļā mēs lasām par virsnieku, kurš patika Dieva ar savu ticību un saņēma atbildi uz savu lūgšanu. Kad viņš teica Jēzum, ka viņa kalps guļ slims un ļoti cieš, Jēzus piedāvāja atnākt pie viņa uz mājām un dziedināt kalpu. Bet atbildot virsnieks teica: *"...saki tikai vārdu un mans kalps kļūs vesels."* Redzot virsnieka ticību un to, kā viņš rūpējās par kalpu (8p.) Jēzus viņu uzslavēja: *"Patiesi, Es jums saku, ka visā Izraēlā Es neesmu atradis tādu ticību"* (10p.). Katrs saņem atbildi no Dieva atbilstoši savai ticībai. Virsnieka kalps bija dziedināts tajā pat mirklī. Allelujā!

Ir arī citi piemēri. Marka Evaņģēlijā 5:25-34, mēs lasām par sievietes ticību, kura cieta no asins tecēšanas 12 gadus. Neskatoties uz to, ka viņa bija iztērējusi visu savu naudu, ejot pie ārstiem, viņas veselība tikai pasliktinājās. Dzirdējusi par Jēzu, šī sieviete noticēja, ka tiks dziedināta, ja tikai pieskarsies Viņa drēbēm. Un pieskārusies Jēzum pūlī, viņa tūdaļ pat saņēma dziedināšanu.

Kāda bija virsnieka, vārdā Kornēlijs, sirds (Apustuļu 10:1-8) un kā tieši viņš, pagāns, pakalpoja Dievam, ka viņš un viss viņa nams ieguva glābšanu? Mēs lasām, ka Kornēlija nams bija dievbijīgs nams. Kornēlijs vienmēr lūdzās un darīja daudz žēlastības darbus priekš nabagiem. Kornēlija lūgšanas un žēlastības darbus Dievs atcerējās. Un kad Pēteris apmeklēja viņa namu un sludināja Dieva Vārdu, visa Kornēlija ģimene saņēma Svētā Gara dāvanu un sāka runāt mēlēs.

Apustuļu darbu grāmatā 9:36-42, mēs lasām par sievieti vārdā Tabita, kas nozīmē „stirna", kura darīja daudz labus darbus, vienmēr palīdzot nabagiem. Kādu reizi Tabita saslima un nomira. Kad Pēteris, kuram par viņu prasīja mācekļi, nometās ceļos un palūdzās, Tabita uzcēlās no mirušajiem.

Kad Viņa bērni izpilda savus pienākumus un dara Tēva prātu, Dievs piepilda viņu siržu vēlmes, un tādiem viss nāk par labu. Ja mēs patiesi ticam tam, ka Dievs nekad neatstās mūsu lūgšanas bez atbildes. Laiku pa laikam es dzirdu par ļaudīm, kuriem kādreiz bija liela ticība, viņi darbojās draudzē, bija uzticīgi, bet atstāja Dievu pēc tam, kad viņu dzīvē ienāca grūtības un pārbaudījumi. Un katru reizi mana sirds bēdājas par to, ka šiem ļaudīm nav izšķiršanas gara. Esot ar patiesu ticību, cilvēks nekad neatstās Dievu, pat ja viņa dzīvē atnākuši pārbaudījumi. Esot ar garīgu ticību, cilvēks priecāsies, pateiksies Dievam un lūgsies pat grūtību un ciešanu laikā. Tāds cilvēks nenodos Dievu, nepadosies kārdinājumiem un neatkāpsies no ticības. Reizēm ļaudis paliek uzticīgi cerībā saņemt svētības vai nopelnīt apkārtējo atzinību. Par nožēlu ticības lūgšana un lūgšana cerībā uz atalgojumu stipri atšķiras viena no otras. Ja, esot ar garīgu ticību, cilvēks sauc uz Dievu, viņa lūgšana būs Dievam tīkamu darbu pavadīta. Un tad Dievs piepildīs mūsu sirds vēlmes, lai mēs varētu dot visu slavu Viņam.

Pamatojoties uz Bībeli, mēs izskatīsim, kā ticības tēvi, parādīja savu ticību Dievam un kāda sirds bija Viņam tīkama, un Viņš deva prasīto. Pēc apsolījuma Dievs svētī tos, kas dara to, kas Viņam patīk. Mēs redzējām, kā Tabita bija uzcelta no mirušiem, bezbērnu sieviete no Sunemas ieguva dēlu, bet sieviete, kas cieta no asins tecēšanas, tika dziedināta. Un katra no viņām mācēja izpatikt Dievam ar savu dzīvi. Ticēsim arī mēs un vērsīsim savus skatus uz Viņu. Dievs mums saka: *„Kaut tu varētu ticēt! Tas visu spēj, kas tic,"* (Marka 9:23).

Kad mēs ticam, ka Dievs var atbrīvot mūs no jebkādām problēmām un pilnībā paļaujamies uz Viņu, ja rodas problēmas ar veselību, attiecībās ar bērniem vai ar finansēm, Dievs nekavējoši par mums parūpēsies (Psalmi 36:5).

Lai katrs no jums darot to, kas patīk Dievam, Kurš nepiemāna un vienmēr piepilda Savu Vārdu, saņem atbildi uz savām lūgšanām un, lai piepildās jūsu sirds vēlmes, lai pagodinātu Dievu un dzīvotu svētītu dzīvi. Es lūdzos par to Jēzus Kristus vārdā!

Autors:
dr. Džejs Roks Lī.

Dr. Džejs Roks Lī piedzima 1943. gadā Muanas pilsētā, Džeonnas provincē, Korejas Republikā. No divdesmit gadu vecuma dr. Lī cieta no dažādām nedziedināmām slimībām un septiņus gadus gaidīja nāvi, bez jebkādas cerības uz atveseļošanos. Bet kādu reizi, 1974. gada pavasarī, māsa atveda viņu uz baznīcu, kur viņš nokrita uz ceļiem un lūdzās, un Dzīvais Dievs momentā dziedināja viņu no visām slimībām.

No tās minūtes, kad dr. Lī satikās ar Dzīvo Dievu, viņš patiesi Viņu iemīlēja no visas sirds un 1978. gadā bija aicināts kalpot Dievam. Viņš centīgi lūdzās, lai skaidri saprastu Dieva gribu, pilnībā to piepildītu un paklausītu katram Dieva vārdam. 1982. gadā viņš dibināja Centrālo „Manmin" draudzi Seulas pilsētā (Korejas Republika) un no tā momenta neskaitāmi Dieva darbi, ieskaitot brīnumainas dziedināšanas un Dieva zīmes bija atklātas šajā draudzē.

1986. gadā dr. Lī saņēma roku uzlikšanu mācītāja kalpošanai ikgadējā Korejas Asamblejā, Kristus draudzē Singkuolā, bet vēl pēc četriem gadiem, 1990. gadā, viņa svētrunas sāka translēt Tālo Austrumu raidkompāniju kanāli, Āzijas raidkompānijas, Vašingtonas kristīgās radiostacijas Austrālijā, Krievijā, Filipīnās un daudzās citās valstīs.

Pēc trīs gadiem 1993. gadā, žurnāls „Kristīgā pasaule" (ASV) ievietoja Centrālo „Manmin" draudzi piecdesmit labāko pasaules draudžu sarakstā; Kristīgās ticības koledža Floridas štatā (ASV) piešķīra dr. Lī goda doktora pakāpi sludināšanā, bet 1996. gadā Teoloģiskais seminārs Kingsvejā (Aiovas štatā ASV) piešķīra viņam filozofijas doktora pakāpi kristīgajā kalpošanā.

No 1993. gada dr. Lī novadot evaņģelizācijas kalpošanas Izraēlā, ASV, Tanzānijā, Argentīnā, Ugandā, Japānā, Pakistānā, Kenijā, Filipīnās, Hondurasā, Indijā, Krievijā, Vācijā un Peru kļuva par pasaules misionāru darbības līderi. 2002. gadā par viņa darbu novadot daudzus iespaidīgus apvienotos evaņģelizācijas pasākumus, pazīstama kristīgā avīze Korejā nosauca viņu par „pasaules mācītāju."

2002. gadā par viņa pūlēm novadot daudzus iespaidīgus apvienotos kristīgos festivālus, vadošās kristīgās Korejas avīzes nosauca viņu par līderi pasaules mēroga reliģijas atdzimšanā. Tajā skaitā Ņujorkas kristīgajā festivālā 2006. gadā, kurš notika visā pasaulē pazīstamajā Medisona Skvēra Parkā un tika translēts uz 220 valstīm, un tāpat Izraēlas Starpkultūru festivālā 2009. gadā, kas notika Starptautiskajā konvenciju centrā Jeruzalemē, viņš droši pasludināja, ka Jēzus Kristus – Mesija un Glābējs. Viņa svētrunas translējās uz 176 valstīm pa satelītkanāliem, ieskaitot GCN TV. 2009. un 2010. gados populārais krievvalodīgais portāls In Victory un ziņu aģentūras Christian Telegraph, par viņa spēcīgo telepārraižu kalpošanu un mācītāja kalpošanu aiz robežām, nosauca dr. Lī pašu iespaidīgāko kristiešu līderu skaitā.

Pēc datiem uz 2015. gada novembri, Centrālā draudze „Manmin" apvieno vairāk kā 120 000 locekļus. Draudzei ir vairāk kā 10 000 draudžu filiāles visā pasaulē, ieskaitot 56 filiāles pašā Korejā. Bez tam, vairāk kā 103 misionāri nosūtīti uz 23 valstīm, ieskaitot ASV, Krieviju, Vāciju, Kanādu, Japānu, Ķīnu, Franciju, Indiju, Keniju un daudzām citām valstīm.

Uz šīs grāmatas publikācijas brīdi dr. Lī bija uzrakstījis 100 grāmatas, tajā skaitā tādus bestsellerus kā „Atklāsme par mūžīgo dzīvi uz nāves slieksņa", „Mana dzīve, mana ticība" (I и II), „Vārds par Krustu", „Ticības mērs", „Debesis" (I и II), „Elle" un „Dieva spēks". Viņa grāmatas jau tulkotas 76 pasaules valodās.

Viņa raksti par kristīgās ticības tēmu regulāri tiek publicēti sekojošos periodiskajos izdevumos: The Hankook Ilbo, The JoongAng Daily, The Dong-A Ilbo, The Munhwa Ilbo, The Seoul Shinmun, The Kyunghyang Shinmun, The Korea Economic Daily, The Korea Herald, The Shisa News и The Christian Press.

Pašlaik dr. Lī ir vadošais daudzās misionāru organizācijās un asociācijās. Viņš tajā skaitā ir vadītājs Apvienotajai Jēzus Kristus svētuma baznīcai, Starptautiskās misionāru organizācijas Manmin prezidents, dibinātājs un priekšsēdētājs valdēs „Globālajā kristīgajā tīklā" (GKT), „Vispasaules ārstu – kristiešu tīklā" (VĀKT) un Starptautiskajā Manmin seminārā (SMS).

Citas spilgtākās šī autora sarakstītās grāmatas.

Debesis I un II

Precīzs apraksts par lieliskajiem apstākļiem, kuros dzīvo Debesu pilsoņi, spilgts apraksts par dažādu Debesu līmeņu valstībām.

Atklāsmes par mūžīgo dzīvi uz nāves siekšņa

Personīgās dr. Džeja Roka Lī atmiņas – liecības, kurš bija piedzimis no Augšienes un glābts, ejot caur nāves ēnas ieleju, un no tā laika parāda ideālu piemēru tam, kā vajadzētu dzīvot kristietim.

Elle

Nopietns vēstījums cilvēcei no Dieva, Kurš negrib, lai pat viena dvēsele atrastos elles dzelmē! Jūs atklāsiet sev līdz šim nezināmas lietas par nežēlīgo zemāko kapu un elles realitāti.

Mana Dzīve, Mana Ticība I un II

Dzīve, kas uzplauka pateicoties ne ar ko nesalīdzināmai Dieva mīlestībai, drūmu viļņu vidū, zem nastas smaguma un dziļa izmisuma un izplata pašu labāko garīgo aromātu.

Ticības mērs

Kādas mājvietas un kādi vainagi un balvas sagatavotas mums Debesīs? Šī grāmata satur gudrību un pamācības, kas nepieciešamas tam, lai izmērītu savu ticību un izaudzētu to līdz pilnīga brieduma mēram.

www.urimbooks.com

www.ingramcontent.com/pod-product-compliance
Lightning Source LLC
LaVergne TN
LVHW010555070526
838199LV00063BA/4978